T0290761

MIRAR DE NUEVO

ENFOQUES Y ESTRATEGIAS PARA AFRONTAR CONFLICTOS

DEMIÁN BUCAY

MIRAR DE NUEVO

ENFOQUES Y ESTRATEGIAS PARA AFRONTAR CONFLICTOS

OCEANO exprés

Diseño de portada: Leonel Sagahón / Susana Vargas

MIRAR DE NUEVO
Enfoques y estrategias para afrontar conflictos

© 2010, 2013, Demián Bucay

© 2010, Jorge Bucay (por el prólogo)

D.R. © Editorial Océano de México, S.A. de C.V.
Blvd. Manuel Ávila Camacho 76, piso 10
Col. Lomas de Chapultepec
Miguel Hidalgo, C.P. 11000, México, D.F.
Tel. (55) 9178 5100 • info@oceano.com.mx

Para su comercialización exclusiva
en México, países de Centroamérica
y Estados Unidos.

Primera edición en Océano exprés: 2013

ISBN: 978-607-400-919-4

Impreso en México / Printed in Mexico

Índice

Agradecimientos

A Rogelio Villarreal Cueva, Guadalupe Ordaz y el resto del equipo de Océano por sus sabios consejos y firme guía a lo largo de todo el proceso de publicación de esta obra.

A mi padre, por sus halagadoras palabras en el prólogo y por abrirme la puerta del mundo de los libros y, luego, del mundo editorial.

A José Rehin, por su escucha atenta y sus precisas palabras.

A Fabiana, mi esposa, por estar siempre de mi lado.

Prólogo

Demasiado conmovido por la emoción que significa para mí escribir este prólogo, dudo de mi capacidad para encontrar las palabras que me permitan aunque sea insinuar todo lo que siento. Me doy cuenta de que tamaña sensación no debería sorprenderme; pocas personas en el mundo pueden compartir conmigo el privilegio de que tu propio hijo te elija para prologar su primer libro.

Para hacer aún más difícil mi tarea, el doctor Demián Bucay ha dejado el listón muy alto después de escribir las magníficas y emocionantes palabras que prologaron mi *Llegar a la cima y seguir subiendo*.

Bien dicen que un padre se entera de que su tarea estuvo cumplida cuando se da cuenta de que sus hijos hacen las cosas mejor que lo que hubiera podido hacerlas él mismo.

Y se me ocurre ahora que, en ese sentido, este libro que vas a leer es, de muchas maneras, un certificado de mi eficiencia, al menos en la más importante de todas las tareas que alguna vez encaré, la de ser padre.

No debe haber sido fácil, mis hijos así lo dicen, ser hijo mío, pero en mi descarga quiero decir que tampoco ha sido fácil ser padre de hijos que temprano aprendieron a rebelarse con todo derecho, a cuestionar las decisiones de sus padres y a buscar sus propias respuestas.

Como es obvio poco o nada ayudaron mi profesión o mi experiencia como terapeuta en ese vínculo; con una excepción quizá: siempre tuvimos presente y nos repetimos mutuamente aquel pequeño credo de la Gestalt, que tan bien enmarca las mejores relaciones entre las personas.

El autor de este libro y yo aprendimos a vivir juntos sabiendo

que para bien y para mal yo era yo y él era él,

que yo (aunque doliera decirlo) no estaba en este mundo para satisfacer todas sus expectativas,

y que él (confieso que esto sí que me fue difícil) no estaba en este mundo para satisfacer las mías.

Así comprobamos que cuando él y yo nos encontrábamos, y verdaderamente todo fluía entre nosotros era maravilloso.

Y también, que cuando estando juntos, chocábamos sin encontrarnos, debíamos ser pacientes y hablar sobre ello, no para forzar el encuentro sino para esperar otra oportunidad.

Aprendimos juntos que esos desencuentros momentáneos podían y debían ocurrir, porque claramente, a medida que el tiempo pasaba, yo era cada vez más yo, y él, afortunadamente, era cada vez más él.

Mirar de nuevo es, desde su título, una provocadora invitación a despertar la "mentalidad de explorador" que vive en nosotros, un intento de animar al más curioso, sagaz y obstinado de nuestros aspectos internos, para ponerlo al servicio de descubrirnos (des-cu-brirnos), sabernos, y aceptarnos tal como somos, un pequeño apoyo para dar ese primer y principal paso del camino de la propia realización, de la conquista de una vida más sana y de un devenir posiblemente más feliz.

Un desafío ambicioso si tenemos en cuenta lo mucho que se ha escrito, dicho y mostrado en el mundo occidental sobre la psicología en los últimos cien años.

Las últimas cuatro generaciones han presenciado, siendo partícipes o no, los más profundos cambios de la humanidad en relación al conocimiento y la asistencia profesional psicológica, como forma de ayuda a las personas, a la hora de enfrentar o resolver sus conflictos y en el momento de conseguir que sean más saludables, constructivas y congruentes sus conductas.

Cuando nació mi padre, a principios del siglo xx, el psicoanálisis freudiano se estrenaba en el planeta, como una nueva manera de entender la inexplicable conducta de los hombres y las mujeres en determinadas situaciones. Lo psicológico y el inconsciente se volvieron desde entonces, cada vez más, palabras corrientes y de uso popular o cotidiano. El profesional que trabajaba analizando los vericuetos de la mente, dejaba de ser patrimonio exclusivo del estudio de la locura.

A mediados del siglo cuando yo nací (1949), Fritz Perls terminaba de mostrar su diseño de un nuevo modelo de psicoterapia: la terapia gestáltica; revolucionando el modelo asistencial e incorporando, en pie de igualdad, la comprensión del proceso neurótico o su explicación con la vivencia personal y la conciencia continua de lo experiencial. Con el tiempo, y a medida que los viejos maestros del psicoanálisis ortodoxo envejecían, la Gestalt se fue transformando en el baluarte más ostensible de todos los movimientos que defendían la libertad de las personas, el respeto por las diferencias y la importancia de los sentimientos como verdadero motor del progreso de la humanidad.

Mi primer hijo, el autor de este libro, nació cuando el mundo "psi", redescubría y actualizaba los viejos postulados conductistas, ahora enriquecidos por todo lo aprendido de las nuevas teorías, imponiendo en Occidente el uso de los modelos cognitivos y sistémicos, para asesorar y acompañar los síntomas y signos de una cada vez mejor diagnosticada neurosis, que como claramente se podía demostrar, en mayor o menor grado, todos padecemos.

Mi nieto, con sus pocos años será el testigo y referente, como terapeuta, como paciente o como mero observador, de un nuevo movimiento psicológico asistencial cada vez más difundido y aceptado: el modelo ecléctico e integrador de aquellos psicoterapeutas capaces de salirse del marco de un solo enfoque teórico para encontrar la línea de trabajo o la intervención que más útil y efectiva sea, en función del principal desafío del profesional de la salud: ayudar a su paciente.

Si bien se adivina que la línea de base filosófica del autor de estos textos es la de un terapeuta humanista y gestáltico, los comentarios, los creativos planteamientos, los argumentos y las herramientas que se proponen en cada capítulo, pertenecen claramente al último modelo descrito. Es el eclecticismo de un terapeuta capaz de deslizar sutilmente una interpretación, evocar un ejercicio catártico, contar un cuento o gerenciar la metáfora indicada en el entorno de una escena de un filme (para nada críptico ni extraño), un ámbito, dicho sea de paso, novedoso y original, que el autor maneja con destreza y que el lector sin duda agradecerá. Estoy muy complacido y satisfecho de haber leído, disfrutado y aprendido de este, su libro, doctor Demián Bucay.

Estoy muy honrado, Demi, de que seas esta persona íntegra y capaz que yo y los que te conocemos sabemos que eres.

Estoy muy agradecido, hijo, de que sigas siendo, como siempre, cómplice obligado de mis momentos más felices.

Jorge Bucay
Nerja, Málaga
Noviembre de 2010

Introducción

Los textos que conforman este libro son el resultado de algunas preguntas con las que me he cruzado en diferentes situaciones durante los últimos años. La mayoría de estas preguntas me han llegado en forma explícita a través de pacientes o conocidos, en la intimidad del consultorio o en el bullicio de los encuentros cotidianos. Otras, las formulé yo mismo, en diversas ocasiones, a mis maestros, a mis terapeutas o a otras personas en las que supuse (acertadamente o no) cierta dosis de sabiduría. Por último, algunos de estos textos han surgido de preguntas que nunca llegaron a ponerse en palabras: interrogantes silenciadas cuyo protagonista no supo o no quiso hacer.

Pensando en estas últimas ocasiones, decidí no incluir en el libro las preguntas tal cual fueron formuladas. Preferí omitirlas y dejar en su lugar un breve relato de la situación que las provocó o detrás de la cual podían adivinarse. Encontrarás por ello que cada apartado comienza con la descripción del conflicto, la dificultad, la duda o el sentimiento de angustia que alguien atravesaba en determinado momento. Así podremos adentrarnos en lo concreto de lo que nos ocurre a cada uno, abandonaremos el campo en ocasiones tan ordenado de la pura teoría (aunque sin perderlo de vista) y nos embarraremos un poco de la realidad. Mi intención al proponerte estos "recortes de situación" es que te sea más sencillo encontrar en ellos reflejadas tus propias inquietudes y dificultades.

Por su parte, los textos que les siguen intentan sugerir algún camino de reflexión frente a las interrogantes que cada una de las situaciones deja entrever. Por supuesto que aquí ya hay un sesgo: de los muchos rumbos que cada indagación podía tomar he privilegiado uno. Me he inclinado, según el caso, por aquel que juzgué más relevante, más inquietante o más provocativo. En algunos capítulos el conflicto remitía especialmente a la relación con uno mismo, en otros, a la relación con los demás y, aun en otros, a la relación con el mundo exterior. De acuerdo con este criterio, he agrupado los textos en tres partes o secciones.

Quisiera que las reflexiones que te presento en este libro te ayudasen a poder contemplar con una mirada fresca las dificultades que las originaron. Quisiera que, luego de leer cada apartado, volvieras al relato introductorio para *mirar de nuevo* y que descubrieras, entonces, algo que habías pasado por alto... o que entendieras la situación narrada de un modo distinto... o que quien en primera instancia te parecía tener razón ahora te parezca equivocado o viceversa... o que el problema te provocase risa en vez de pena... o compasión en lugar de rechazo... Quisiera también (me he puesto algo ambicioso) que pudieras luego llevar esa nueva mirada, ese nuevo *enfoque*, a los conflictos que experimentes en tu vida cotidiana. Desearía que, al verte frente a una encrucijada, te dijeses por ejemplo: "¡Ah!, esto es similar a lo que le pasaba a aquella muchacha..." y que eso te permitiese diseñar una nueva *estrategia* para atravesar, para transitar por ese conflicto.

En mi afán por conseguir esto me serviré, a lo largo del libro, de todos los medios que estén a mi alcance (¿me disculparás la falta de escrúpulos?): correré detrás de las situaciones que presento, las atacaré por el flanco con múltiples argumentos, esperaré detrás de un recodo oscuro y saltaré sobre ellas, contaré historias y recordaré películas, apelaré a anécdotas propias y ajenas, y hasta me contradiré... cualquier cosa con tal de hacerlas tropezar, de desenmascararlas. No sé si lo lograré; con algo de suerte, en medio de la persecución quizá consiga que una parte de su disfraz caiga y que eso nos permita hallar algo que antes permanecía escondido.

Si algo de esto sucede me daré por más que satisfecho.

PRIMERA PARTE

Yo, yo y yo

Lidiar con el cambio

Él cambió de trabajo para dedicarse a lo que siempre había desea-do. Sin embargo, algo en su interior se rebela. No se siente del todo cómodo. Extraña a sus viejos compañeros, así como la simplicidad de la tarea que antes realizaba. Se pregunta si se habrá equivoca-do en su elección.

JOAQUÍN:

Heráclito lo expresó en una imagen inmejorable hace cientos de años: "Nadie se baña dos veces en el mismo río". Y es que el agua y el tiempo fluyen inexorablemente, y cuando alguien regresa al río, sus aguas ya no son las mismas, ni ese alguien es aquel que alguna vez fue. El mundo está en constante cambio y también lo estamos cada uno de nosotros. Ése es un hecho inevitable e innegable: basta mirar a tu alrededor (o hacia ti mismo) para comprobarlo.

Hace algún tiempo, se me ocurrió que existían dos formas en las que el cambio puede presentarse en nuestras vidas o en nues-tro entorno. A la primera la llamé "cambio en pendiente" y a la segunda, "cambio en escalón". El cambio en pendiente está con-formado por aquellas pequeñas transformaciones que ocurren día a día y que en la cotidianidad nos resultan imperceptibles. El desgaste de las cosas, el crecimiento de los niños, el envejecimiento, son ejemplos típicos de cambios en pendiente, pero creo que hay otros fenómenos sutiles, como el paso del enamoramiento al amor, que también siguen este patrón. Estos cambios son graduales e ininterrumpidos, por lo que sólo nos percatamos de ellos cuando algo (una fotografía, un recuerdo, una larga ausencia) nos confronta con el pasado.

El cambio en escalón, por otro lado, es aquel caracterizado por modificaciones más evidentes y de las cuales tenemos plena conciencia. A veces ocurren de manera programada y podemos preverlas, mientras que en otras ocasiones nos sorprenden, o aun nos golpean. Una mudanza, un nuevo trabajo, un nacimiento o una muerte, son acontecimientos que representan un cambio en escalón. En la relación de pareja, una transición de este tipo podría darse al contraer matrimonio, pero también a raíz de otros acuerdos explícitos ("no veamos a otras personas", "dediquemos más tiempo a nosotros"). El cambio en escalón sucede en un tiempo relativamente corto, por lo que nos es fácil reconocer claramente un antes y un después.

Estos dos tipos de cambios propician vivencias muy diferentes en cada persona; asimismo, los modos en que los afrontamos pueden diferir. Sin embargo, éstos comparten las características básicas que distinguen a un proceso de cambio y generan algunas de las mismas dificultades.

Ya sea deslizándose sobre una suave pendiente o saltando de escalón en escalón, nuestra vida (y más aún si es una vida sana) nunca se detiene; está siempre en movimiento. Como ya dije y seguramente tú mismo lo habrás comprobado, el cambio es ineludible. No obstante, en muchas ocasiones las personas nos encontramos intentando a toda costa evitar el cambio. Hacemos todo lo que está a nuestro alcance para que las cosas permanezcan igual, para que nada se modifique. Intentamos retrasar el cambio, postergarlo o disminuirlo, borrarlo o deshacerlo. Cuando todo esto no funciona, solemos utilizar otra estrategia: negarlo... "aquí no ha pasado nada". Y aún queda un último y rebuscado recurso: trastocar las cosas o situaciones para que nada cambie; esto es, hacer las modificaciones necesarias para que la balanza siga estando siempre en el mismo lugar. Lo llamativo del caso es que estas actitudes pueden surgir aun frente a cambios que la misma persona deseó o buscó activamente.

Por lo tanto, cabe preguntarnos por qué el cambio nos genera tanta resistencia. ¿Qué es lo que nos echa hacia atrás? La respuesta, creo, es sencilla: nos resulta difícil aceptar el cambio porque *todo cambio implica una pérdida*. Cuando algo se transforma, deja de ser de determinada manera y comienza a ser de otra; lo que era, deja de ser... vale decir: no existe más. Supongamos, por ejemplo, que tienes una vasija blanca que te agrada mucho y decides pintarla de azul. Cuando lo hagas, perderás la vasija blanca. Alguien podría decir: "Bueno, pero en realidad la vasija azul *es* la vasija blanca". A lo que (si quisiéramos ayudarle) habría que responderle: "No. La vasija azul *es* la vasija azul. La vasija blanca ya no existe". Y podríamos agregar: "Lo siento, en verdad", porque, claro, las pérdidas duelen. Podemos comprender pues que nuestra resistencia a los cambios es una resistencia a confrontar el dolor de perder aquello que antes fue.

Pero entonces, me dirás: "¿No hay cambios positivos?, ¿no hay cambios que impliquen una ganancia?". ¡Por supuesto que sí! Pero aun aquellos cambios que resultan beneficiosos conllevan una situación de pérdida. Es posible que la ganancia sea mayor que la pérdida pero no por ello se dejará de sentir un pesar. El dolor no se mide con relación a costo/beneficio; más bien es la consecuencia de que algo que formaba parte de mí ha desaparecido; me afecta haberlo perdido aunque ya no lo desee, aunque lo que lo haya reemplazado me agrade más. Volvamos al ejemplo de la vasija. Supongamos ahora que ya estás harto de la vasija blanca... a ti te encanta el violeta (¡es un color tan de moda!); decides pintarla y el resultado es encantador, tal como lo imaginabas. Aun así, probablemente sentirás la falta de la vasija blanca; te habías acostumbrado a verla allí; era, en suma (como todo lo que te ha acompañado cierto tiempo), parte de ti.

Lo mismo que nos ocurre con nuestras pertenencias es cierto con relación a nuestras ocupaciones, nuestros hogares, nuestras relaciones y, por supuesto, a nosotros mismos. Es inevitable que cualquier cambio vaya acompañado por el dolor de dejar algo atrás. Y debo añadir, dejarlo atrás para siempre. "¡Eh! —me dirás—. ¡¿Pero no se puede volver a pintar la vasija de blanco?!" Lo cierto es que, en la mayoría de los casos, no. En general, no es posible retroceder. Aun cuando, por ejemplo, la vasija se volviese a pintar de blanco, no sería *aquella* primera vasija, sino *otra* vasija blanca... pues el tono del blanco no será exactamente igual o se traslucirá la pintura azul que hay debajo. Aquella vasija blanca no volverá jamás. Por eso, luego de cada cambio transcurre un periodo de duelo, un tiempo para la elaboración de la pérdida, lapso en el que es natural sentir dolor.

He conocido muchas personas que al poco tiempo de haber decidido terminar una relación de pareja se encuentran pensando en volver (¿a quién no le ha ocurrido?). Se dicen a sí mismas: "Siento tanto dolor... debe ser que todavía lo(a) amo". Confunden el dolor de una pérdida con el deseo de continuar la relación. Es posible que ese deseo exista, pero el dolor no es la medida. Como dijimos, lo que viene puede ser mejor, pero no por eso dejaremos de sentir pesar por lo que abandonamos o nos abandonó.

Debo pedirte disculpas: todos los ejemplos que he dado hasta aquí pertenecen a cambios "en escalón". De modo que quizá te estés preguntando: "¿Qué ocurre con los cambios 'en pendiente'? ¿Suponen también una pérdida? Y en todo caso, ¿qué es lo que se pierde?".

Para responder, déjame contarte una pequeña historia o, más bien, una pequeña parte de una gran historia. En el libro *El hobbit*, de J. R. R. Tolkien, Bilbo Bolsón (uno de esos seres pequeños y de pies peludos que resultan tan admirables) se ve obligado por la criatura Gollum a resolver una serie de acertijos si no quiere convertirse en la cena de su adversario. El último acertijo que plantea el pérfido Gollum es el siguiente:

> *Devora todas las cosas,*
> *aves, bestias y árboles.*
> *Mastica el hierro, muerde el acero.*
> *Deshace piedras y mata reyes.*
> *Arruina ciudades y derriba montañas.*
> *¿Quién es?*

El pobre Bilbo comienza entonces a pensar en gigantes, en dragones y en todos los tipos de monstruos que conoce, pero ninguno ha hecho todas aquellas cosas. No consigue encontrar una respuesta y Gollum ya se le acerca relamiéndose. Bilbo quiere pedir más tiempo para pensar, pero está tan asustado que lo único que sale de su boca es: "¡Tiempo! ¡Tiempo!". Y es una suerte, pues ésa es, claro, la respuesta.

El tiempo, con su suave, casi invisible pendiente, es un constante impulsor del cambio. A cada momento estamos perdiendo algo, lo cual se convierte en pasado y se vuelve irrecuperable. El tiempo, como en el acertijo, lo toca todo (lugares, personas, vínculos) y aun antes de llevarlo a su desaparición lo modifica minuto a minuto. Esos cambios ocurren de manera tan paulatina que casi no nos damos cuenta (casi). Pero al mirarnos en una fotografía de algunos años atrás, puede nacer en nosotros cierta nostalgia. Más allá de lo felices que fuimos entonces o de lo felices que seamos ahora, de vernos más jóvenes o más ridículos, mejor o peor... más allá de estos juicios de valor (que tan poco importantes son en realidad), sentiremos añoranza, porque ese individuo que vemos en la fotografía ya no existe. Hoy somos otro. A cada momento perdemos a aquel que fuimos. Y eso, que ciertamente nos afecta (alguien a quien quisimos que ya no está), también puede ser liberador. Nada nos ata a nuestro pasado. Somos alguien nuevo cada día y por ello podemos elegir, cada día, qué hacer de nuestra vida.

Ésta es la maravilla del cambio, pues nos abre un universo de posibilidades. Sólo que para afrontar los cambios que vendrán y aceptar los que nos han ocurrido, debemos estar dispuestos a perder un poco. En retribución, ganaremos un abanico enorme de opciones y caminos posibles.

Heráclito forma parte del grupo de los filósofos griegos denominados presocrá-
ticos. Nació en Éfeso (en lo que hoy es Turquía), alrededor del siglo VI a. C. Su
obra se conoce mayormente por referencias de autores posteriores puesto que
de ella subsisten sólo fragmentos inconexos. Heráclito transmitía sus enseñanzas
a través de aforismos y frases, de las cuales la que cito aquí es seguramente la
más conocida. Quizá para ser coherente con su contenido, la frase misma ha ido
cambiando con el tiempo y es difícil decir cuál fue su forma original. La versión
que cito aquí está basada en la lectura que Platón hace de ella. Hermann Diels, filósofo alemán de comienzos del siglo XX, propone una traducción que considera
más fiel: "En el mismo río entramos y no entramos, pues somos y no somos". Lo
incesante del cambio era uno de los dos pilares fundamentales de la doctrina de
Heráclito. El otro era el funcionamiento del universo con base en pares de opuestos complementarios (luz y oscuridad, armonía y caos, mujer y hombre).

El hobbit, de John Ronald Reuel Tolkien, es de algún modo, una precuela de su
mayor y mejor conocida obra, *El señor de los anillos*. Narra la historia de Bilbo
Bolsón, un pacífico hobbit a quien el mago Gandalf impulsa a embarcarse en
una gran aventura: viajar hasta la guarida del dragón Sigurd. El episodio que les
cuento aquí es, a mi entender, el más significativo (y el más interesante) del libro, pues constituye la primera aparición de la criatura Gollum, personaje que se
volverá central en la trilogía por venir, y narra cómo llegó Bilbo Bolsón a hacerse
del Anillo Único, que luego le legará a Frodo (su sobrino) y dará entonces lugar
a todos los acontecimientos que se desarrollan en *El señor de los anillos*. De hecho, tras haber resuelto fortuitamente el acertijo de Gollum, Bilbo, no pudiendo
pensar en más adivinanzas, le plantea a su rival una pregunta: "¿Qué tengo en el
bolsillo?". La respuesta, que Gollum encontrará justo cuando Bilbo ya haya esca-
pado, es que en el bolsillo el hobbit tiene precisamente el anillo que él, Gollum,
ha perdido y que no es otro que aquel en el que se concentra todo el poder de
Sauron, el Señor Oscuro.

John Ronald Reuel Tolkien, *El hobbit*, Minotauro, Barcelona, 2009.
—, *El señor de los anillos*, trilogía, Minotauro, Barcelona, 2009.

El error de Liríope

Ella se siente "poca cosa". Se compara con otros y siempre sale perdiendo. Siempre hay alguien más inteligente, más atractivo o más exitoso que ella. Cree que nunca podrá encontrar a alguien que realmente la quiera. Una amiga le ha dicho que debe quererse más a sí misma, pero ella no sabe cómo conseguirlo.

MARIANA:

Es indudable que "quiérete a ti mismo" es un buen consejo. El problema está en que es una de esas frases que, por haber sido usadas en demasía, han perdido algo de su verdadero significado. En ocasiones pareciera que este consejo nos exhorta a tenernos en alta estima. Cuando lo interpretamos de este modo, el aprecio por nosotros mismos queda ligado al lugar que nos concedemos dentro de una escala que mide, por decirlo de algún modo, "cuán bien estoy como persona".

En esta escala, cada uno pone sus propios valores y jerarquiza algunos rasgos más que otros de acuerdo con lo que considera más importante. Si para alguien la inteligencia y la bondad son los atributos más significativos, entonces Nelson Mandela está al tope del ranking, si para otros son la belleza y el carisma lo que define cuán valiosa es una persona, entonces es George Clooney quien ostenta el escalafón más alto. Este modo de pensar genera ciertas dificultades, pues cuando alguien se ubica a sí mismo dentro de los primeros puestos se siente satisfecho y puede vivir tranquilo, pero si, en cambio, se juzga más cercano a las posiciones del fondo de la tabla, se siente un despojo, un desperdicio humano.

Equiparar el amor por uno mismo con tenerse en alta estima es peligroso tanto para aquellos que logran generarla como para aquellos que fracasan en el intento. Para los primeros, el riesgo es que, dado que no hay otro modo de medir los parámetros que rigen este ordenamiento que no sea mediante la comparación, al considerarse valiosos se acerquen demasiado a la vanidad (que *alardea* de estar por encima de los demás) o, peor aún, a la soberbia (que *cree* estar por encima de los demás). Para los segundos, aquellos que comparativamente se juzgan menos que sus semejantes, la situación es aún peor porque llegan de forma inevitable a la conclusión de que su única salida es *mejorar*. Y mejorar implica, por supuesto, que debo dejar de ser como soy, debo ser otro. Se entiende que esta actitud, lejos de favorecer el amor por uno mismo, lo deteriora en gran medida.

Esta modalidad de amor por uno mismo es, además, muy frágil. La posición que ocupamos dentro de nuestra escala es sumamente inestable, pues depende del éxito o el fracaso que obtengamos en aquello que emprendemos. Cuando nos nutrimos de la comparación, nos encontramos pronto en una carrera alocada por conseguir logros, distinciones y reconocimientos: sólo mediante éstos creemos ser capaces de querernos y considerarnos deseables. Es como si jugásemos con nuestra vida un juego de mesa macabro: ¿Lo has conseguido? ¡Hurra! Sube dos puntos tu autoestima. ¿Tu chica te ha dejado? Mala suerte. Baja tres puntos tu amor propio.

Creo que para llegar a construir un amor por nosotros mismos que sea duradero, estable y sobre el que podamos apoyar nuestros quehaceres diarios, lo mejor es preguntarnos primero qué es lo que entendemos por amor.

Existen muchas definiciones de lo que es el amor, algunas muy interesantes, otras bastante sosas. Una que, si bien posiblemente habla de un amor ideal, puede sernos de ayuda para continuar nuestra reflexión sobre el amor por uno mismo es la de Joseph Zinker. Zinker dice: "El amor es el regocijo que siento por la mera existencia de algo". El ejemplo más claro de esto es el amor de los padres hacia sus hijos: el simple hecho de que un hijo nazca, de que exista, es motivo de felicidad; no importa lo que haga, basta con que *sea*. Sería importante que pudieras desarrollar contigo misma una relación similar.

El "quiérete a ti mismo" que vale la pena construir es éste: el de regocijarte por el hecho, asombroso, de que existas. El amor por uno mismo se nutre precisamente del inmenso valor que cada uno tenemos por el simple hecho de ser quienes somos: únicos.

El monje Panshan había viajado por numerosas ciudades observando la vida y estudiado diligentemente en numerosos templos. Comprendía las enseñanzas de sus maestros y estaba siempre dispuesto a escuchar. Sin embargo, no había alcanzado aún el satori, la iluminación.

Cuentan que un día Panshan paseaba por el mercado buscando algunas cosas para el templo cuando pasó cerca de un puesto de carnes en el que se exponía un gran jabalí asado. Varias personas se encontraban alrededor esperando su turno para comprar un poco de la sabrosa carne. Panshan se acercó y escuchó que uno de los clientes decía:

–Quisiera medio kilo de carne especial.

El carnicero, tomó la cuchilla y señalando con ella hacia el animal, sonrió y dijo:

–En este cerdo, ¡¿qué corte no es especial?!

Los clientes rieron, pero Panshan permaneció atónito, como golpeado por un rayo. En el camino de vuelta hacia el templo cada árbol, cada flor, cada hombre y cada mujer parecían brillar con un hermoso resplandor. Al escuchar las palabras del carnicero, Panshan había alcanzado la iluminación.

A riesgo de comparar al universo con un gran jabalí asado, podríamos preguntarnos: en este mundo, ¿quién no es especial? Quizá así podamos descubrir en cada uno de nosotros ese bello resplandor que nos lleve a querernos.

De seguro que así como has escuchado muchas veces la recomendación "quiérete a ti mismo" también has oído muchas de las críticas que esta sugerencia despierta. La más frecuente podría formularse así: "si te quieres mucho a ti mismo, no podrás querer a los demás". Esta objeción está basada sobre la idea, completamente falaz, de que contamos con un determinado monto de amor, el cual repartimos entre quienes nos rodean. Suena ridículo y sin embargo muchas veces nos comportamos como si esto fuera cierto: los celos, por ejemplo, son en ocasiones la exteriorización de esta creencia ("si lo quieres mucho a él, significa que no me quieres tanto a mí"). Siguiendo esta idea, si dedico a mí mismo mucho de ese amor quedará poco para los demás.

Aun cuando comprendamos la falsedad de este precepto, no es fácil desembarazarnos de la sensación de que quererse es algo un tanto peligroso, pues esta idea está muy arraigada en nuestras creencias colectivas. Tenemos una fuerte impronta cultural en este sentido. Es probable que la figura más representativa de ello sea la de Narciso: aquel bello joven a quien la fascinación por su reflejo le causa la muerte, dando origen así a la flor que lleva su nombre y que crece a orillas de los lagos, como inclinándose sobre la superficie del agua.

Sin embargo, la conclusión de que Narciso murió por amarse demasiado a sí mismo quizá sea apresurada. Nos falta, tal vez, una parte de la historia para comprenderla mejor. Pues ¿sabes por qué Narciso se fascinó al ver su reflejo en aquel estanque? ¡Porque nunca lo había visto antes!

Así es; cuenta Ovidio que cuando Narciso nació, su madre, la ninfa Liríope, consultó al adivino Tiresias por el destino del niño. El augur predijo que el niño viviría una larga y pródiga vida, "siempre y cuando nunca llegara a conocerse a sí mismo". Atemorizada, Liríope crió entonces a Narciso poniendo mucho cuidado en que el niño nunca pudiera ver su reflejo. Quitó todos los espejos de la casa, evitaba pasar con él frente a superficies lustrosas y lo alejaba de las fuentes de agua. Creció así un muchacho hermoso pero distante, que cautivaba las miradas de todos, pero no correspondía a ninguna. Cuando finalmente llegó frente a aquel estanque y vio por vez primera su propia imagen, no pudo sino quedar cautivado... Murió de hambre y de sed, allí mismo, incapaz de apartarse de su reflejo.

Si tomamos esta versión del mito, podríamos pensar que Narciso no murió porque estaba enamorado de sí mismo, sino justamente por lo contrario: porque nunca había aprendido a amarse. ¿Cómo podía amarse si ni siquiera se conocía? Y si no se amaba a sí mismo, ¿cómo podía amar a alguien más? Tal fue el error de Liríope: por no afrontar el riesgo de perder a su hijo, no pensó en el tipo de vida que llevaría alguien que nunca llegara a conocerse a sí mismo y, menos aún, a quererse.

Créeme: si alguna relación existe entre el amor por uno mismo y el amor por los demás es, precisamente, que es imposible amar a otros sin amarse a sí mismo; puede depender y necesitar mucho de otros, pero amarlos, no. La fidelidad hacia nosotros mismos y el cuidado de nuestros propios intereses no tienen por qué ir en contra de los intereses del resto de las personas. Quizá la verdadera virtud esté, justamente, en encontrar el modo de ser fieles a nuestro propio amor sin faltar a nuestro amor por los demás.

Para ello habrá que comenzar por contemplarse a uno mismo sin tapujos. No intentando ver sólo nuestros aspectos agradables y bellos para inflar artificialmente la opinión que tenemos de nosotros mismos, sino simplemente observarnos, sin temor a lo que vayamos a descubrir. La belleza no provendrá de hacer un recorte que deje fuera lo sucio y lo feo, sino de una imagen en la que se conjuguen tus diversas facetas en un ser único y coherente: tú.

Joseph Zinker es uno de los autores más influyentes en el campo de la psicoterapia gestáltica contemporánea. Ha profundizado particularmente en la aplicación de este modelo al tratamiento de familias y parejas. Esta definición del amor está tomada de su libro *El proceso creativo en terapia gestáltica*. Me parece simple a la vez que bella. Esta cualidad poética está con frecuencia presente en la obra de Zinker, pues como él mismo sostiene, los procesos sanos están dotados de una armonía particular; tienen una condición estética que refleja su coherencia interna.

"El jabalí asado", cuento tradicional zen. Yo lo encontré en el libro *El zen habla*, de Tsai Chih Chung. Este autor es un famoso dibujante y caricaturista asiático; el libro consiste en una serie de cuentos y parábolas de la tradición zen presentados en forma de historietas. La versión que figura aquí ha sido reescrita por mí.

Ovidio (Publio Ovidio Nasón) fue un poeta romano que nació a mediados del siglo I a. C. y murió a comienzos del siglo I d. C. Sus obras más importantes son *El arte de amar*, un largo poema en el que trata de todas las cuestiones prácticas relacionadas con lo romántico y lo erótico (desde cómo seducir a una mujer hasta cómo recuperar un amor perdido), y *Las metamorfosis*, una serie de volúmenes en los que recrea los mitos griegos. Allí es donde se narra la historia de Narciso, entrelazándola con la de la ninfa Eco, quien había sido castigada por Hera, condenada a no poder hablar más que repitiendo lo que se le decía. Fue por desdeñar el amor de Eco que Némesis se enfureció con Narciso y lo llevó frente al estanque que le depararía la muerte.

Joseph Zinker, *El proceso creativo en la terapia gestáltica*, Paidós, México, 2000.
Tsai Chih Chung, *El zen habla*, Sudamericana, Buenos Aires, 1999.
Ovidio, *El arte de ámar*, Océano, México, 2002.
—, *Metamorfosis*, Gredos, Madrid, 2008.

Felicidad y responsabilidad

Ella dice que en su vida todo anda bien. Tiene un trabajo, una familia, algunas buenas amigas... Todos le dicen que debería sentirse afortunada. Sin embargo, no se siente feliz. A menudo la entristece el recuerdo de sucesos pasados o se enfada cuando las cosas no salen como esperaba. Siempre encuentra un motivo para quejarse.

EMA:

En general, cuando uno se propone reflexionar sobre algún concepto, suele ser útil comenzar por definirlo. Pero cuando se trata de explicar, por ejemplo, qué es el amor o la fe, resulta muy difícil hacerlo, pues son experiencias muy subjetivas. Nadie puede decirte qué se siente amar ni predecir quién te despertará ese sentimiento. Nadie puede explicarte cómo tener fe o forzarte a tenerla en esto o aquello. Pueden contarte que el amor se siente cálido y que la fe da tranquilidad, pero la calidez no es amor, ni la tranquilidad, fe. Con la felicidad ocurre algo similar:

Cuentan que un día un viejo monje caminaba por los jardines del templo en compañía de un discípulo avanzado. Al pasar por un pequeño puente de madera que cruzaba un estanque, el maestro señaló la superficie del agua y dijo:

–Mira cómo saltan los peces, qué felices son.

Hacía años que el discípulo estudiaba con el viejo monje y por ello se atrevió a marcarle un error:

–Maestro —le dijo—, tú no eres un pez, ¿cómo puedes saber si los peces son felices o no?

El viejo miró a su discípulo, sonrió y le dijo:

–Y tú, no eres yo, ¿cómo puedes saber si yo sé, o no, si los peces son felices?

Nadie puede juzgar si tú eres feliz o no; tampoco decirte qué deberías hacer para conseguir serlo, y menos aún explicarte en qué consiste ser feliz. Por eso, construir una definición propia de la felicidad, preguntarse "¿qué es la felicidad para mí?", es el primer paso para ir acercándose a ella.

Cuando escuchamos hablar de felicidad a menudo nos invade la sensación de que es algo utópico e inalcanzable. Esto se debe, en gran parte, a que identificamos la felicidad como un estado de completo bienestar, donde todo ocurre tal cual lo imaginábamos, donde todo es alegría y la tristeza no existe. Si pensamos que eso es la felicidad, no podremos evitar la conclusión de que, en efecto, es inalcanzable.

No obstante, hay otras formas de entender la felicidad que la convierten en algo que sí podemos conseguir. La felicidad posible es una sensación más moderada, más modesta, que carece del brillo del éxito o de la estridencia de la alegría. Es también más íntima, más cercana a cierta tranquilidad o paz interior. No depende del exterior o de lo que nos depare el destino, sino de nosotros mismos, de lo que hagamos con aquello que nos ocurre.

De este modo, cada quien se convierte en el principal artífice de su felicidad y también, aunque sea difícil de admitirlo, de su infelicidad. ¿Qué es entonces lo que hace que en ocasiones nos quedemos instalados en la desdicha? Intentaré darte una respuesta a esta pregunta, pero antes déjame formular otra: ¿la felicidad es un derecho o un deber?

Creo que, en general, consideramos que tenemos *derecho* a ser felices. Por simpatía, desearíamos casi siempre que todos los seres humanos lo fueran y suponemos entonces que la felicidad es un derecho universal (como lo son, por ejemplo, el cuidado de la salud o la educación). Según mi parecer, esta apreciación es equivocada: nadie puede garantizar la felicidad a otro ni, mucho menos, buscar proveerla como un bien común (puesto que, como te decía, depende de cada uno).

La idea de que la felicidad es un derecho podría llevarnos a la peligrosa creencia de que podemos exigirle a la vida que nos haga felices. Y si no lo somos (con esta actitud eso es lo más probable), comenzaríamos a sentir que la vida está en falta con nosotros, que nos debe algo. Así, nos veríamos catapultados a la autocompasión o al resentimiento, posturas desde las que no es posible modificar nada. Es cierto que en ocasiones ocurren cosas tan dolorosas que podemos llegar a sentirnos condenados a la infelicidad ("¿Cómo podría ser feliz, después de lo que me ocurrió?"). Sin embargo, si queremos hacer de nuestras vidas algo que valga la pena, pasado algún tiempo tendremos que preguntarnos qué haremos con aquello que nos sucedió. Quizá con esta actitud alguien podría acercarse a aquella serenidad, a aquella *felicidad posible* de la que te hablaba, aun después de atravesar vivencias en extremo dolorosas. Tal es la experiencia de aquellas personas que, luego de un suceso traumático, redirigen sus pasos a ayudar a otros que pasan por situaciones similares.

FELICIDAD Y RESPONSABILIDAD

Por todo esto, no creo que la felicidad sea, ni que debiera ser, un derecho. Incluso algunos pensadores sostienen lo contrario: que la felicidad sería más bien un deber, una suerte de obligación moral. Jorge Luis Borges comienza un hermoso poema titulado "El remordimiento" con una frase que he recordado desde que la leí por primera vez. Dice: "He cometido el peor de los pecados que un hombre puede cometer. No he sido feliz". Borges nos dice que no ser feliz es desperdiciar la vida y que eso es, de algún modo, un pecado.

Si bien pensar en la felicidad como un deber resulta interesante porque nos devuelve a cada uno la responsabilidad sobre ella, hay otras consideraciones que tomar en cuenta. El hecho de que algo sea "bueno" para mí o para ti, no lo convierte en una obligación para lo demás; no nos da derecho a condenar a los que no persiguen lo mismo. Algunos autores sostienen que la felicidad debiera ser un deber porque las personas felices son más consideradas y altruistas que las que no lo son. Quizá sea cierto pero, aun así, no puede empujarse a nadie a la felicidad porque "es bueno para los demás". Es como si te dijera: "vamos, sé feliz; así estarás contento y me prestarás el carro el fin de semana".

Pero si la felicidad no es un derecho ni un deber, entonces, ¿qué es? Mi respuesta: es una decisión. Como ya lo mencioné, el único motor que me parece válido para la búsqueda de la felicidad es el propio y auténtico deseo de ir tras ella. Cada uno de nosotros decide buscar la felicidad o no hacerlo. Llegamos aquí a la pregunta que habíamos dejado en suspenso: ¿quién podría decidir no buscar la felicidad?, ¿quién podría decidir quedarse en la desdicha? Pues aquellos que no estén dispuestos a asumir la responsabilidad de esa búsqueda y de pagar los precios que ésta conlleva. Y, como te dije, no creo que ésta sea una actitud reprochable; es una elección y habrá que respetarla como tal.

Más adelante, en el mismo poema que te comenté antes, Borges dice: "Mis padres me engendraron para el juego arriesgado y hermoso de la vida". Estoy de acuerdo con eso: arriesgado y hermoso. Y es que una vida plena, hermosa, llena de belleza, conlleva necesariamente ciertos riesgos. Y allí es donde cada uno deberá hacer su elección. Algunos elegiremos la búsqueda de esa belleza y pagaremos con la responsabilidad, el trabajo y la falta de certezas. Otros elegirán la seguridad al precio de renunciar a la búsqueda de esa plenitud.

Sólo quisiera decirte una cosa más: no creo en una felicidad diferida y aplazada, que comenzará en algún momento en el futuro: cuando termine la universidad, cuando me separe, cuando lleguen las vacaciones, cuando encuentre pareja.... Más bien pienso que la búsqueda de esa felicidad posible se está gestando cada día, a cada momento. Para bien o para mal, en ningún lugar más que en el presente decidirás tu felicidad o tu desdicha:

Cuentan que un gran general, luego de una sangrienta batalla, abatido por el sufrimiento presenciado, cabalgó hasta el templo de la región para hablar con el monje que vivía allí. Al llegar, entró en el templo y se acercó al monje que lo esperaba cruzado de piernas sobre el piso. El general se arrodilló y habló:

–Soy general de un gran ejército, pero me agobia el sufrimiento. Dime, ¿cómo puedo encontrar las puertas del cielo y evitar las puertas del infierno?

El monje dejó escapar una pequeña risa y dijo:

–Con esa cara más que un general pareces el asno de mi establo.

El general se levantó como golpeado por un rayo, la cara se le enrojeció de furia y agitó un puño en el aire.

–¡Cómo te atreves, viejo decrépito! —exclamó—, te destrozaré en mil pedazos.

Y cuando el general se le acercaba, el viejo monje lo señaló con un dedo y le dijo:

–Éstas son las puertas del infierno.

El general se detuvo avergonzado y comprendió que su infierno estaba dentro de sí mismo. Se arrodilló nuevamente, inclinó su cabeza y besó la mano del monje.

–Gracias. He comprendido —dijo.

El viejo monje posó su mano sobre la cabeza del general y cuando éste hubo levantado la vista, dijo:

–Éstas son las puertas del cielo.

Las puertas del cielo y del infierno están dentro de ti, en lo que decidas hacer con lo que te toca vivir. La verdadera responsabilidad reside en comprender que nuestros actos (nobles o ruines) llevan en sí mismos, en lo que hacen de nosotros como personas, su recompensa o su castigo. Quizá encuentres alguna felicidad posible en tu valiente decisión de permanecer, más allá de lo que suceda, fiel a tu auténtico deseo.

"Tú no eres un pez", cuento tradicional zen. Esta parábola llegó hasta mí por tradición oral. Ya no recuerdo quién me la contó y no la he hallado en ninguna de las antologías que he leído o consultado luego. Es una de mis preferidas pues creo que, además de hablar de la condición de la felicidad, ilustra muy bien la posición del zen respecto del saber y muestra lo difícil que es asir esta filosofía: en cuanto (como el discípulo del cuento) crees que la has comprendido, ¡zas!, vuelve a escapársete. Por eso Lao Tse escribió en el *Tao Te King*: "El Tao que puede enseñarse no es el verdadero Tao". Hay algo del modo zen de ver el mundo que no puede explicarse; debe ser vivenciado.

El poema "El remordimiento" forma parte del libro *La moneda de hierro* de 1976. Jorge Luis Borges dice en el prólogo de ese libro que, por estar escribiéndolo a sus setenta años (la edad de madurez de un escritor, según él mismo), puede permitirse algunas licencias y algunas libertades. Creo que este poema cae en esa categoría, tiene un tono más confesional, más íntimo y más "sentimental" —para utilizar un término que el propio Borges seguramente hubiese detestado— que la mayoría de los demás poemas del escritor. Es, tal vez por ello, un gran poema: intenso, profundo e implacable. Si lo lees, es probable que deje en ti una marca indeleble, que te funcione como una advertencia para no dejar que tu vida pase en vano.

"Las puertas del cielo", cuento tradicional zen. Existen muchas versiones de este cuento: Osho lo narra en *El juego de la transformación*, adjudicándoselo al monje Hakuin; también puedes encontrarlo en *Los 120 mejores cuentos de las tradiciones espirituales de Oriente* (compilado por Ramiro Calle y Sebastián Vázquez), bajo el nombre "Cielo e infierno cercanos". La versión que presento aquí es propia.

Jorge Luis Borges, *Obra poética*, Emecé Editores, Buenos Aires, 1989.

Osho, *El juego de la transformación*, Gaia Ediciones, Madrid, 2004.

Ramiro Calle y Sebastián Vázquez, comps., *Los 120 mejores cuentos de las tradiciones espirituales de oriente*, EDAF, Madrid, 2008.

Una prisión para la mente

Hace meses que él está enfadado con su jefe. Éste le obliga a quedarse horas extras y a realizar tareas que no le corresponden. Él se siente atrapado, sin salida, pues no puede prescindir de su trabajo, pero tampoco puede tolerar más esta situación.

HERNÁN:

¿Has visto la trilogía de *The Matrix*? Si no es así, te la recomiendo: tiene varios aspectos interesantes, especialmente la primera película de la saga (las otras dos son menos provocativas... ¡aunque un gran entretenimiento de todos modos!). En esta cinta, una raza de máquinas inteligentes ha esclavizado a la humanidad con el propósito de abastecerse de su energía corporal. Para mantenerlos bajo control, han creado una realidad virtual en la que las personas creen vivir: la Matrix. A lo largo de la historia, el personaje que se hace llamar Morfeo parece comportarse como una especie de "guía espiritual" del futuro. Como tal, *despierta* al joven Neo de aquella *ilusión* en que ha estado viviendo. Neo está destinado a *liberar* a la raza humana, pero para ello deberá comprender que, como Morfeo le dice: "Has sido criado en una prisión que no puedes ver, ni oler, ni tocar. Una prisión para tu mente".

A veces pienso que a muchos de nosotros nos ocurre algo similar. Vivimos limitados por una prisión para la mente. No sufrimos cadenas, ni barrotes que nos retengan y, sin embargo, con frecuencia nos sentimos atrapados, acorralados dentro de esa cárcel que hemos dejado construir a nuestro alrededor.

Pero... ¿en qué consiste esta prisión? ¿De qué espejismo debemos despertar para poder alcanzar nuestra libertad como personas? La principal ilusión que debemos desvanecer es, precisamente, la de que no somos libres. Hemos crecido oyendo siempre el mismo mensaje: "No eres libre y nunca lo serás, eres un esclavo, eres insignificante"; hemos escuchado esto tanto, que hemos acabado por creerlo.

Quienes sostienen con vigor esta visión esgrimen como argumentos todas aquellas cosas que nos limitan. "Mira —dicen—, mira las fuerzas poderosas con las que te enfrentas: los gobiernos, el sistema económico, el azar, el destino... ¿Qué libertad pretendes tener en medio de todo esto?" Estos argumentos son tentadores, pues nos dan una salida fácil para culpar a otros o al mundo de las dificultades de nuestra vida. Pero no debemos engañarnos: el entorno (lo que ocurre a nuestro alrededor y lo que nos ocurre a nosotros mismos) nos limita, es cierto, pero estar limitados no nos convierte en esclavos.

Por otro lado, ser libre no implica "poder hacer lo que me plazca" sino, como enseña Octavio Paz, poder elegir entre decir "Sí" y decir "No". Nadie es capaz de controlar las voluntades de los otros ni de trazar las situaciones en las que se encontrará. Nuestra libertad radica en que podamos decidir cómo nos enfrentaremos con todo ello.

Cuando confundimos limitaciones, dificultades o imposibilidades con falta de libertad, caemos en uno de dos lugares opuestos, pero igualmente peligrosos. El primero consiste en llegar a la conclusión de que, dado que es imposible hacer todo lo que quiero, entonces no tengo poder de decisión alguno; por lo tanto, me resignaré a lo que la vida me depare, abandonaré cualquier búsqueda de autonomía y me someteré a los designios de todo aquello que considere más grande que yo.

El segundo peligro está en creer que ser libre es "hacer lo que me plazca", y en aras de esa supuesta libertad, caer en una rebeldía indiscriminada. "Quiero ser libre y entonces no aceptaré ningún condicionamiento, ningún límite, ninguna regla. Ni el gobierno, ni la sociedad, ni nadie, me dirá lo que puedo y lo que no puedo hacer. ¡Soy libre y hago lo que se me antoja!" Quien razona así acaba convirtiéndose en alguien que desestima todo acuerdo social y se desentiende de las consecuencias de sus actos, lo que, por supuesto, conduce a sentirse aislado. Pero además, se termina siendo tan esclavo como en el caso anterior, sólo que se es un esclavo *en espejo*: obligado siempre a llevar la contraria, a oponerse a todo (o casi todo).

Resumiendo: hay hasta aquí dos maneras de perder nuestra libertad como personas: resignarse a decir siempre sí a lo que nos depara la vida o forzarse a decirle siempre NO. Y como te decía antes, la libertad consiste justamente en poder elegir cuándo optar por uno u otro camino.

Desde luego que al elegir abrimos algunas puertas, pero irremediablemente cerramos otras. Siempre que hacemos uso de nuestra libertad nos pronunciamos en algún sentido, tomamos posición, y eso hace que quedemos frente a algunos caminos posibles y renunciemos a otros. No es posible elegir y al mismo tiempo seguir teniendo disponibles todas las opciones; decidirse por algo implica renunciar a muchas otras cosas.

En ocasiones, por ejemplo, nuestras elecciones pueden no ser del agrado de alguien a quien queremos o respetamos particularmente, o pueden ir en contra de lo que en general es aceptado por la mayoría. Pero eso no limita nuestra libertad para elegir; podemos hacerlo si estamos dispuestos a pagar el precio. En el entorno social, a veces las consecuencias de ciertas decisiones son difíciles de sobrellevar: sostener con convicción una opinión impopular; mostrar abiertamente ciertas preferencias, o criticar a quienes utilizan el poder para sus intereses mezquinos, son actos que requieren valor.

El verdadero uso de la libertad necesita siempre de una dosis mayor o menor de valentía porque implica aceptar las consecuencias de nuestras acciones. La idea de que sería posible decidir sin que haya consecuencias (o sólo las que me agradan) es otra ilusión de la que habría que despertar. Si no estamos dispuestos a aceptar lo que nuestros actos conllevan, siempre nos quedaremos dentro de la prisión lamentándonos: "¡Cómo me gustaría…!".

Salir de la prisión y enfrentarse con la libertad puede producir temor. Uno puede sentirse abrumado ante la idea de cargar con la responsabilidad de la propia vida. Pero quizá sea éste un peso saludable, un peso que nos hace mantener los pies sobre la tierra y que impide que la vida se vuelva demasiado liviana. Sin responsabilidad podríamos ser llevados (como un globo por el viento) por la liviandad de que "todo da lo mismo". Si te encuentras frente a un dilema y acabas pidiéndole consejo a una de esas personas que piensan así, quizá te conteste (o por lo menos piense): "¿Qué más da?, si moriremos de todos modos, ¿qué diferencia puede haber?". Creen que equiparar todo los libera, pero pasan de estar encerrados a estar perdidos en medio de un páramo desolado. Se equivocan, ¡no todo da lo mismo! Justamente porque las elecciones que hacemos tienen consecuencias, es que la libertad es tan importante.

Si comprendemos que, más allá de las presiones y dificultades que el mundo nos impone, en nosotros reside la capacidad de decidir, podremos salir de aquella "prisión para la mente" y ampliar nuestros horizontes. Si reconocemos que no todo da igual, aceptamos las consecuencias de nuestras decisiones y conseguimos el valor para actuar de acuerdo con lo que creemos, comprenderemos que en el ejercicio de la libertad nos va la vida (nos va la vida que queremos vivir), porque al hacerlo iremos moldeando el mundo que nos rodea de una manera única. Pero también con esas elecciones que hagamos nos estaremos inventando a nosotros mismos, construyendo quién queremos ser a medida que avanzamos.

The Matrix fue ideada y dirigida por los hermanos Larry y Andy Wachowski. El fragmento que comento aquí se desprende del tema central de la película: la dificultad para distinguir lo real de lo virtual. Esta disyuntiva reedita, por supuesto, la vieja simetría entre sueño y realidad, pero el advenimiento de la tecnología virtual le ha dado a la cuestión una relevancia práctica de la que antes carecía. *Matrix* nos habla de lo influenciables y engañosos que pueden ser nuestros sentidos, de la imposibilidad de definir una realidad que sea válida para todos y del peligro de suponer que nuestras percepciones son un reflejo exacto del mundo que las genera. Pero más importante aún, *Matrix* nos habla de cómo, si nos atrevemos a pensar que ello es posible, podemos modificar nuestro entorno. *Matrix* nos enseña que, dado que no existe otra realidad que nuestra percepción, al cambiar el modo en que entendemos las cosas estaremos modificando las cosas mismas. Estaremos, como Neo, rehaciendo el mundo a medida que nos encontramos con él.

En agosto de 1990 se realizó en la ciudad de México un encuentro de pensadores y artistas que se unieron bajo el lema "El siglo XX: la experiencia de la libertad". El encuentro se llevó a cabo en el contexto de la reciente caída del régimen comunista en los países de Europa del Este y del afianzamiento de la democracia en los países de América Latina. ¿Qué hacer con esta recién ganada libertad?, era la pregunta que de algún modo guiaba las presentaciones de los exponentes. En su discurso de apertura, Octavio Paz dijo: "La libertad, más que idea filosófica o concepto teológico, es una experiencia que todos vivimos, sentimos y pensamos cada vez que pronunciamos dos monosílabos: sí o no".

Olvidar o recordar

Ella no puede olvidar a su ex pareja. Cada hombre que se le acerca empalidece frente a la comparación con su viejo amor. "Ninguno le llega ni a los talones", dice entre orgullosa y entristecida. Ella querría olvidarlo de una vez por todas, pero no lo consigue.

ROMINA:

Muchos autores (incluido yo mismo en alguna oportunidad) hemos hablado sobre la importancia de aprender a dejar ir el pasado, de no quedarnos estancados pensando en lo que fue, en lo que no fue, en cómo podría haber sido o por qué sucedió lo que sucedió.

Hemos hecho hincapié sobre los peligros de avanzar en la vida mirando hacia atrás. De cómo eso nos hace más vulnerables a tropezar en el camino y de cómo, con esta actitud, nos perdemos el presente que es, a fin de cuentas, el único momento que existe verdaderamente y el único tiempo en el que se juega nuestro bien o mal estar.

Es indudable que si nos quedamos aferrados a nuestro pasado, no podremos continuar creciendo y, dado que nada podemos hacer para modificar lo que ocurrió, no cosecharemos más que frustración e impotencia.

Sin embargo, cabe aclarar que no se trata de soltar el pasado al pie de la letra. No se trata de borrar todo lo que nos sucede ni bien deja de ser presente. Si no comprendemos esto, acabaremos creyendo que deberíamos ser como aquellas personas que han sufrido algún tipo de lesión en el hipocampo (una parte del cerebro muy relacionada con la memoria y especialmente con la memoria emocional) y que, por lo tanto, han perdido la capacidad de fijar nuevos recuerdos. Estos pacientes recuerdan su vida anterior sólo hasta el momento en que tuvieron la lesión neurológica, pero todo lo que les ocurre posteriormente les dura en la memoria muy poco tiempo. Su vida, de algún modo, es puro presente. No sufren demasiado cuando les sucede algo desagradable, puesto que lo olvidan en un tiempo relativamente corto, pero pagan por ello un precio muy alto: no pueden aprender (retienen sí, el aprendizaje implícito, que es aquel que se produce sin que tomemos conciencia de él, pero no pueden aprender de la experiencia).

El cine ha tomado a menudo esta condición para crear situaciones y personajes singulares como Lucy, la protagonista de *Como si fuera la primera vez* (*50 First Days*), que a causa de un accidente automovilístico olvida todo en veinticuatro horas; o como el protagonista de la película *Memento*, cuya memoria se "resetea" cada quince minutos. Son personajes cuya vida está detenida, se ha vuelto repetitiva, monótona e intrascendente.

No debemos confundir "dejar ir" el pasado con olvidarlo, rechazarlo o negarlo, como si dijésemos "lo pasado pisado" y ya. Si lo hacemos, nos ocurrirá lo mismo que a estas personas: perderemos la capacidad de aprender. Repetiremos una y otra vez las mismas acciones y nuestra vida se volverá aburrida y vana.

Las consecuencias de intentar, sin más, borrar el pasado pueden ser devastadoras. La incapacidad de aprender no es el único problema. Nuestro pasado, nuestra historia, es un gran componente de nuestra identidad. El lugar en el que nacimos, quiénes fueron nuestros padres, cómo y dónde crecimos, las cosas que nos han dicho, lo que nos ha ocurrido y los caminos que hemos elegido... todas esas cosas configuran lo que somos. Si por doloroso, por reprochable o por bochornoso, nos deshacemos de este pasado, perderemos también, en gran parte, todo aquello que nos hace ser quienes somos. La sensación será la de encontrarnos perdidos, sin rumbo, desorientados.

De hecho, para darle a su vida algún sentido, los dos personajes de los que te hablé antes necesitan estar recordándose continuamente su pasado: Lucy ve todos los días un video que el hombre que la ama ha grabado para ella y en el que le cuenta todo lo que le ha sucedido; por su parte, el protagonista de *Memento* se realiza un tatuaje tras otro, grabándose en la piel las cosas que no desea olvidar. Ellos, como los pacientes neurológicos en quienes están inspirados, no pueden evocar a voluntad los sucesos previos para darle sentido a los actuales. Nosotros sí.

Nuestra historia, bien utilizada, puede tener, precisamente, la función de orientarnos. Es como un mapa sobre el que vamos escribiendo el camino recorrido y donde anotamos los peligros con los que nos hemos encontrado en cada lugar: "si voy por aquí me encontraré un lodazal"... "este sendero debo seguirlo lentamente porque es muy resbaloso"... "el de más allá nunca lo he explorado, pues me daba temor perderme"... ¡Qué desperdicio sería desprenderme de este mapa, de toda esa información tan valiosa adquirida en cada experiencia! Es cierto que no debemos dejar que lo sucedido en el pasado sea la única variable a tener en cuenta a la hora de tomar una decisión sobre el hoy, pero no por eso este mapa deja de servirnos de guía. El pasado debería ser eso: una guía que nos ayude a orientarnos en el presente.

Ésa es la diferencia entre Lucy y el detective de *Memento*. Cuando Lucy ha terminado de ver el video y de llorar por lo que, descubre en ese momento, ha perdido, sale de su cuarto y continúa su vida *a partir* de lo que ha visto. En cambio, en *Memento*, su protagonista utiliza la información que ha tatuado en su cuerpo para intentar dar con el asesino de su mujer. Va en la dirección contraria que Lucy, va hacia el pasado, hacia atrás. Intenta enmendar lo que no tiene arreglo y así se queda detenido, mientras que Lucy consigue, aunque no sin dificultades, seguir avanzando.

Aferrarse al pasado nos impide crecer; intentar borrarlo, también. Ninguno de estos dos enfoques nos permite seguir adelante. Lo único que puede hacerse con el pasado es: aceptarlo. No pelearse con él. No gastar energía en desear que hubiese sido diferente de lo que fue. No preguntarme cómo sería mi presente si hubiera sucedido tal o cual cosa. No recriminarme lo elegido o lo hecho. La única verdad es que ocurrió lo que ocurrió y yo hice con eso lo que pude, supe y quise en aquel momento. Aceptar el pasado implica también entender cómo actué entonces y para qué lo hice. Implica preguntarme si hoy haría algo diferente.

Si consigo aceptar el pasado de este modo, sin retenerlo ni deshacerme de él, sin enterrarlo ni conservarlo embalsamado, entonces sucederá algo maravilloso. Porque entonces podré abrazar ese pasado como parte de mí. Entonces comprenderé que eso, para bien o para mal, forma parte de lo que soy ahora. Y eso redundará, siempre, en que yo crezca.

Como si fuera la primera vez es una comedia romántica dirigida por Peter Segal y protagonizada por Adam Sandler y Drew Barrimore. Más de una vez algún amigo se ha mofado alegremente de mi gusto por esta película un tanto *naïve*. Aun así, sostengo que tiene al menos dos puntos interesantes: uno es el que resalto en este capítulo sobre la relación con el pasado. El otro es que, en el esfuerzo del personaje de Sandler por enamorar una y otra vez a una mujer que se olvida por completo de él al día siguiente, podemos ver el reflejo de un verdadero amor. Un amor que se genera día a día, un amor que se reelige a cada momento, que respeta y tiene en cuenta las limitaciones del otro e intenta hacer de eso algo bello.

Memento, de Christopher Nolan, es una gran película. Cuenta la historia de un hombre que padece de amnesia anterógrada y que busca venganza por la muerte de su esposa. Más allá de un retrato bastante real de esta rara condición neurológica y de una trama atrapante, lo más interesante de la película es la forma en que está estructurada. La historia se cuenta a través de "flashes" de algunos minutos de duración, que van de atrás hacia delante. Esto hace que, mientras seguimos la historia, nosotros mismos nos sintamos como su protagonista: confusos y desorientados, como si nuestra memoria se borrara cada quince minutos y tratásemos de hacer encajar todas las piezas del rompecabezas teniendo siempre sólo una parte de la información. Cuando, sobre el final, logremos hacerlo, nos encontraremos con una sorpresa.

Íntimas contradicciones

Ella tiene dos hijos a los que ama más que a nada en el mundo, pero por momentos se encuentra a sí misma deseando tomarse unas vacaciones de ellos. Siente que no puede vivir sin sus hijos, pero a veces desearía que desaparecieran. Se siente muy culpable por esta idea.

FERNANDA:

Una antiquísima historia zen cuenta que una vez, una serpiente reptaba por la jungla cuando oyó una voz que la llamaba:

–¡Eh, tú!

La serpiente volvió su cabeza para mirar en la dirección de la que provenía la voz pero no vio a nadie allí.

–¡Tú, cabezota, aquí! —volvió a escuchar.

Y al volverse vio con sorpresa que era su propia cola la que, irguiéndose en forma amenazante, la increpaba:

–Dime una cosa... ¿puede saberse por qué vas siempre tú delante?

La cabeza se sintió indignada ante tal cuestionamiento y respondió con vehemencia:

–¡Pues porque soy la cabeza! Tengo los ojos para ver por dónde vamos, tengo el olfato para perseguir nuestra presa y los dientes

57

para morderla. ¿Tú que tienes? Eres sólo un apéndice inservible. ¡Es gracias a mí que avanzamos y que sobrevivimos!

–¿Ah sí? —dijo desafiante la cola y, acto seguido, se enrolló en torno a la base de un árbol cercano—. A ver si puedes avanzar ahora.

La cabeza de la serpiente hizo fuerza, intentando llevar el cuerpo hacia delante, pero le fue imposible. Lo intentó aún con más fuerza pero no consiguió avanzar ni un centímetro.

–De acuerdo —dijo entonces—, tú ganas. Venga, desenróllate y sigamos adelante.

–Sólo si me dejas ir a mí delante —dijo la cola dispuesta a hacerle pagar la impertinencia.

A la cabeza no le gustó nada aquella idea pero sabía que si seguía allí detenida por mucho tiempo más, sin duda moriría de hambre. De modo que aceptó a regañadientes. Así, la serpiente anduvo un tiempo por la jungla con la cola delante y la cabeza detrás, hasta que la cabeza vio pasar un conejo.

–¡Por allí, comida! —gritó.

La cola llevó el cuerpo hacia donde creyó que la cabeza indicaba pero, por supuesto, dado que no tenía olfato, se equivocó y enfiló hacia un estanque de agua.

–¡No! ¡Hacia el otro lado, imbécil! —gritó la cabeza.

La cola cambió el rumbo pero volvió a equivocarse, con tan mala fortuna, que esta vez se dirigió directo hacia un barranco. Y, no pudiendo ver hacia dónde iba, la serpiente cayó por el barranco y murió.

Al igual que la serpiente de la historia, también cada uno de nosotros tiene dentro de sí distintas "partes", distintos aspectos. Con mucha frecuencia estos aspectos entran en conflicto, es decir: piensan, sienten o quieren cosas distintas. De hecho, esto nos sucede todos los días y en general no nos ocasiona problemas; es lo que se manifiesta como nuestro diálogo interno.

En ocasiones, sin embargo, las posiciones de dos o más "partes" son tan diferentes que pueden llegar a ser opuestas. El diálogo interno se vuelve entonces un enfrentamiento (como el de la cabeza y la cola de la serpiente) y esto se experimenta como una contradicción. Por ejemplo, me digo a mí mismo: "Debo seguir adelante, el que no arriesga no gana"; y al rato me contradigo: "Debo retroceder, soldado que huye sirve para otra guerra".

La solución que en forma habitual intentamos dar a este conflicto es, desgraciadamente, la misma de la serpiente: determinar cuál de las dos posturas es la correcta. Queremos saber quién tiene razón. Este acercamiento no resuelve el conflicto porque siempre (siempre) ambas partes "tienen razón"; quiero decir: cada una tiene *sus* razones. Por opuestas o contradictorias que sean dos ideas, sentimientos o deseos, si aparecen con fuerza en nosotros es porque tienen algún sentido; de lo contrario, ni siquiera se nos ocurrirían.

Esto (que dos cosas contradictorias puedan ser ambas correctas) nos resulta difícil de aceptar. Estamos demasiado acostumbrados a manejarnos con una regla proveniente de la lógica formal: algo es *o* no es. Es correcto *o* es incorrecto. No puede ser *y* no ser al mismo tiempo. Pero este axioma que es indudable para la lógica y para las matemáticas, es perfectamente cuestionable en el campo de la conducta, de los deseos y de los sentimientos humanos. Solemos querer *y* no querer algo al mismo tiempo, pensar que aquello es erróneo *y* acertado a la vez, sentir repulsión *y* atracción hacia la misma persona.

Zanjar nuestros conflictos o contradicciones en términos de "*o*", no resuelve gran cosa. En el mejor de los casos, el diálogo interno se eterniza saltando alternativamente de una postura a otra sin que podamos nunca determinar cuál es la correcta (porque, como ya dijimos, ambas lo son) y en consecuencia, somos incapaces de tomar una decisión. La otra salida con que nos deja la "o" es aún peor, pues consiste en la anulación total de una de las posturas y, por ende, la negación de una parte de nosotros mismos. Es el camino que toma la serpiente del cuento. Intenta prescindir de la cola: se queda inmóvil a la espera de que el hambre la mate; intenta prescindir de la cabeza: termina cayendo por un barranco.

Para que la salida de una contradicción sea tal que nos conduzca hacia el crecimiento y el aprendizaje debe incluir algo de cada una de las posturas, debe reunir ambas perspectivas.

La solución por la que optamos con mayor frecuencia es llegar al renombrado (y a mi gusto, elogiado por demás) punto medio. Es cierto que, en algunas ocasiones, encontrar un punto medio puede resolver la cuestión de manera satisfactoria; pero la mayoría de las veces el punto medio es más un modo para que ambas "partes" pierdan por igual que una solución con la que gane nuestro ser como un todo. ¡Imagínense a la serpiente decidiendo que la cola y la cabeza irán cada una la mitad del tiempo delante o que delante irá la vértebra que se encuentra en la mitad de su cuerpo! No. Una salida posible no surge de una negociación sino de una integración (es decir de una "y").

¿Cómo podemos realizar esa integración? Creo que la mejor manera de hacerlo es atender a aquellas "razones" que sustentan cada uno de nuestros argumentos internos. Preguntarnos a qué necesidad, a qué deseo responde cada postura. Para ilustrar esto retomemos la historia de la serpiente. ¿Cuál es la necesidad de la cola? Quizá necesita saberse importante, saber que ella también tiene su función, que no da lo mismo que esté o no esté. ¿Cuál es la necesidad de la cabeza? Ver el camino para evitar obstáculos y poder perseguir una presa. Frente a estas perspectivas una solución posible sería que la cabeza le reconociese a la cola su importancia: es necesaria para crear el movimiento ondulante que la hace avanzar. Pero no sólo esto, sino que podría invitarla a ayudarla con sus propias funciones, podría por ejemplo decirle algo como:

Tengo una idea. Con tu ayuda podríamos subir a un árbol y desde allí ver más lejos para trazar nuestro camino. También podríamos esperar allí y cuando una presa se acerque, yo te avisaré y tú descenderás sigilosamente, la apresarás y la subirás para que la comamos. ¿Qué te parece?

Si aprendemos a utilizar "*y*" en lugar de "*o*", no sólo evitaremos las discusiones internas que no acaban nunca y las soluciones que nos empobrecen o nos ponen en riesgo, sino que desarrollaremos nuevas habilidades. En lugar de recortarnos, sumaremos las diversas capacidades de todos los aspectos de nuestra personalidad y eso redundará, seguramente, en el descubrimiento de nuevas alternativas y en un crecimiento como personas.

Para terminar, me gustaría contarte algo de la historia de Gavilán, el protagonista de la serie de novelas fantásticas *El ciclo de Terramar*, de Ursula K. LeGuin. Gavilán es, en el comienzo de la saga, un mago joven, talentoso pero imprudente, cuyo verdadero nombre es Ged. Este nombre es secreto, pues en el mundo de Terramar conocer el nombre verdadero de otro brinda la posibilidad de usar la magia contra esa persona y hechizarla. Cuando descubren el talento de Gavilán, lo envían a la escuela mágica de Roke, pero Gavilán es un campesino y se siente sobrepasado por la situación. En una especie de competencia, intenta realizar un hechizo demasiado poderoso para su habilidad. Como resultado, libera una sombra maligna, una criatura sin rostro y con garras de bestia, que a partir de allí lo perseguirá a donde vaya. Para liberarse de esta amenaza, Ged debe descubrir el nombre verdadero de esta sombra. Lo intenta de diversos modos pero fracasa. Un viejo mago le dice que su empresa es fútil, pues la sombra no tiene nombre. Gavilán decide entonces dejar de huir y enfrentarse con la criatura aunque esto signifique su destrucción. Finalmente, en medio de un lago, se encuentra cara a cara con la sombra. Y allí, indefenso, Ged de repente comprende que la criatura sí tiene nombre y cuál es ese nombre. Lo dice en voz alta: "Ged".

Entonces, Ged y la que, ahora entiende, es *su* sombra, se funden en un abrazo y los dos se vuelven uno. No sólo la persecución ha acabado, sino que a raíz de este suceso Gavilán se vuelve más sabio y más poderoso, tanto que llegará a convertirse en archimago de todo Terramar.

Aceptar nuestras contradicciones nos conducirá al crecimiento, aun cuando (o quizá especialmente cuando, como sostenía Carl G. Jung) alguna de las "partes" en conflicto nos parezca aborrecible y oscura. Debemos entender que estos aspectos devienen malignos cuando los rechazamos y negamos; nada hay intrínsecamente malo en ellos. Si en lugar de sentirnos amenazados y huir de ellos los abrazamos como parte de nosotros mismos, si les damos un lugar y escuchamos sus razones, nos volveremos más sabios y poderosos. Descubriremos en esos aspectos una fuerza que no sabíamos que poseíamos.

El cuento que he dado en llamar "El dilema de la serpiente", es un cuento tradicional zen. Está reescrito por mí a partir de la historieta de Tsai Chih Chung que figura en *El zen habla*.

Un mago de Terramar es el primero de los cinco libros que conforman la saga épica de *El ciclo de Terramar* cuya autora es Ursula K. LeGuin. Terramar es un gran archipiélago en el que la magia permite controlar los vientos, crear ilusiones e invocar oscuros poderes. El primer libro cuenta el viaje iniciático del joven Gavilán que comienza siendo un arrogante pastor en la lejana tierra de Gont para llegar a convertirse en un verdadero mago al conquistar a su propia sombra. Los restantes volúmenes de la saga narran otros momentos de la vida de Gavilán: sus aventuras como archimago de Terramar, su viaje al reino de los muertos y, finalmente, su retorno a las tranquilas colinas de Gont en las que, aun siendo el más poderoso de los hechiceros, decide vivir como el pastor que alguna vez había sido.

Carl Gustav Jung, médico psiquiatra y psicoanalista, nació en Suiza en 1875 y murió allí mismo en 1961. Fue durante mucho tiempo el discípulo preferido de Sigmund Freud y estaba llamado a ser su sucesor dentro del movimiento psicoanalítico. Sin embargo, en 1913, una ruptura entre ellos que era tanto personal como académica, llevó a Jung por caminos algo diferentes. Jung investigó la relación entre los sueños de sus pacientes y la mitología universal y encontró contenidos similares en ambos. A partir de allí postuló la existencia de diversos *arquetipos* presentes tanto en el ámbito individual como de toda la sociedad. Al explorar las diversas facetas de la psique humana, Jung arribó al concepto de sombra: una personalidad oculta en cada uno de nosotros compuesta por todos aquellos aspectos que conscientemente rechazamos. Experimentar la propia sombra era uno de los pilares de la psicología profunda de Jung.

Tsai Chih Chung, *El zen habla,* Sudamericana, Buenos Aires, 1999.

Ursula K. LeGuin, *Un mago de Terramar*, Alianza Editorial, Madrid, 2007.

—, *Historias de Terramar*, Minotauro, Barcelona, 2006.

ÍNTIMAS CONTRADICCIONES

Una mirada creativa

Ellos veranean todos los años en el mismo sitio. Este año, sin embargo, no disponen de dinero para viajar durante las vacaciones. No quieren pasar todo el verano "encerrados" en su departamento, pero no saben qué hacer. Los niños se quejan todo el día, la madre está cada día más nerviosa y el padre se siente culpable al respecto.

DANIEL, ANA, PAULA Y MANUEL:

Hace tiempo, siendo yo todavía un niño, alguien me contó el siguiente acertijo:

> *Marco Antonio y Cleopatra están tendidos en el suelo, muertos. Sus cuerpos no muestran señal de violencia alguna. Un charco de agua los rodea y hay pequeños trozos de vidrio a su alrededor. Un gato merodea por la habitación. ¿Cómo murieron Marco Antonio y Cleopatra?*

Recuerdo haber propuesto las más delirantes teorías pero nunca lograba encajar todos los elementos... Finalmente, alguien dio con la clave (o nos dimos por vencidos y nos la contaron): Marco Antonio y Cleopatra... ¡eran peces! Entonces la solución se volvía evidente: el gato había tirado la pecera que se había roto dejando un charco y trozos de vidrio y, sin agua, los peces habían muerto. Por supuesto, era una solución que, si bien obvia, difícilmente se nos hubiera ocurrido en un principio porque *presuponíamos* que "Marco Antonio y Cleopatra" se refería a los personajes históricos. Partíamos de un lugar equivocado a causa de un supuesto. Por más acertado que fuese nuestro razonamiento, no hallaríamos la solución. La dificultad estaba en el planteamiento del problema o, más bien, en nuestra *lectura* de ese problema.

Creo que en muchos conflictos que se nos presentan en la vida cotidiana ocurre algo similar. Damos vueltas y vueltas a un determinado problema y no conseguimos encontrar un modo de resolverlo, pues no nos percatamos de que la dificultad puede estar en cómo *entendemos* la situación, en los lentes que usamos para leer esa realidad. La clave, en estos casos, no radica en buscar una solución sino en reformular el problema, en mirarlo de una forma que podríamos denominar creativa.

En el uso habitual del concepto, la creatividad ha quedado asociada con aquello que es diferente, novedoso. Tanto cuando se admira la obra de un artista como frente a alguien que hace un comentario disparatado solemos decir: ¡qué creativo! Este uso de la palabra, sin embargo, soslaya un sentido más amplio y, a mi juicio, más importante de su significado y que se encuentra en su raíz, es decir: crear. Creatividad es la habilidad para crear. No es necesario que lo producido sea diferente o extravagante, basta con que sea una obra propia, auténtica. Muchas veces se utiliza como sinónimo de creativo la palabra *original*. Es una palabra que me agrada, porque habla de origen: lo creativo es aquello que nace en cada uno de nosotros.

Ser creativos al enfrentar los conflictos que nos plantea la vida implica comprender que cada situación presenta diversas maneras de entenderla y muchas veces nuestra visión está teñida (como en el ejemplo de "Marco Antonio y Cleopatra") de ideas preconcebidas. El desafío del pensamiento creativo no consiste en "tener ideas locas", sino en desembarazarse de conceptos rígidos para dar lugar a una mirada original (es decir, cuyo origen seamos nosotros mismos).

Para ello será necesario cuestionar algunos supuestos que cada uno de nosotros tiene en relación con ciertos temas. Revisar lo que habitualmente llamamos prejuicios, mandatos y normas: ideas que se han endurecido y "fosilizado". Cual fósiles, estas ideas están enterradas, ocultas bajo la superficie. Por eso son tan poderosas: porque actúan en su mayor parte sin que tomemos conciencia de ellas.

Es así que para poder cuestionar estos preconceptos, primero deberemos identificarlos como tales. En mi opinión, hay tres tipos de supuestos rígidos: los que se desprenden de las propias experiencias, los que se toman prestados de las experiencias o saberes ajenos y los que se absorben del saber universal.

En el primero de los casos, nos aferramos a las conductas que en algún tiempo nos fueron útiles. Es lógico: cuando tras una experiencia obtenemos cierto resultado, lo relacionamos con determinada acción o condición que, por algún motivo, nos parece la más relevante. Establecemos lo que podríamos llamar un *falso enlace* entre esa condición y ese resultado. Nos decimos "yo sé lo que sucede cuando...". En función de eso decidimos nuestra conducta y, en consecuencia, la repetimos una y otra vez. Aprender de la experiencia está muy bien, pero también debemos tener en cuenta que las condiciones y el contexto de una misma situación cambian, al igual que nosotros mismos cambiamos; por eso, lo que una vez resultó nocivo o desagradable puede hoy ser bueno o placentero. Cada tanto, es necesario actualizar lo que creemos saber sobre el mundo y sobre nosotros mismos y preguntarnos si sigue siendo válido al día de hoy.

No hace mucho, una mujer de unos cuarenta años me comentó que no había seguido la carrera que ella realmente deseaba porque "era mala con los números". Durante su juventud asignaturas como matemáticas y física le habían resultado difíciles. Noté, sin embargo, que manejaba las complejas finanzas de su hogar con bastante soltura y le señalé que, en ese ámbito, no parecía ser muy "mala con los números". Se sorprendió y dijo que nunca lo había pensado así. Al cabo se inscribió en un curso relacionado con aquella carrera abandonada.

Otras veces, como ya dije, nuestros supuestos rígidos parten de lo señalado por la experiencia ajena. ¡Cuántas veces nos comportamos de determinado modo sólo porque otros lo hacen así! ¡Cuántas veces, confrontados con nuestra ignorancia, decidimos acoplarnos a las ideas de otros! Ya sea por su autoridad, por su prestigio o, simplemente, porque representan una mayoría, anteponemos su opinión a la nuestra: "ellos saben lo que sucede cuando...". Cabe aclarar que la imitación en sí misma no tiene nada de malo; es otro mecanismo necesario, válido y valioso de aprendizaje. Aprendemos a caminar, a hablar y tantas otras cosas por imitación. La cuestión es que la imitación es un punto de partida, no de llegada. Si nos quedamos tan sólo con la imitación nos volveremos rígidos, automáticos; se trata de agregar a lo que los otros nos aportan nuestra manera personal para hacer de esa idea o estrategia algo distinto.

Finalmente, el último tipo de ideas rígidas es el de aquellas que se generan por la aceptación de un supuesto universal, una norma, un dogma. No se trata aquí de "yo sé..." ni de "ellos saben...", sino de "*se* sabe...". Lamentablemente, nuestra vida está plagada de decisiones grandes y pequeñas, de acciones triviales y trascendentes, de ideas superfluas o profundas que basamos pura y exclusivamente en que *"se* sabe...". Se sabe: las niñas, de rosa, los niños, de celeste. Se sabe: los hombres no lloran. Se sabe: ser flaco es mejor que ser gordo. Se sabe: si no tienes éxito nadie te querrá. Vivimos rodeados de estos supuestos, inmersos en ellos; los hemos asimilado de tal manera que, la mayoría del tiempo, ni nos damos cuenta de cuánto nos influyen. Aun cuando logramos tomar conciencia de ellos y reconocemos que no tienen fundamento, están tan arraigados en nuestro ser que contradecirlos no es tarea sencilla: ¿podrían ustedes vestir a un niño recién nacido de rosa y a una niña de azul? Yo, ciertamente, no.

De todos modos, para abrir nuestra mente, para volverla plástica, maleable y creativa, no siempre es necesario que "cambiemos" los supuestos que nos gobiernan. Pero sí es imprescindible, como dije, que podamos descubrirlos y cuestionarlos. Comprender cómo se han formado es una herramienta fundamental para poder "desarmar" esos prejuicios y mandatos. Al encontrarnos frente a los mismos conflictos una y otra vez, tendremos que aplicarnos diligentemente a realizar un examen de nosotros mismos y de nuestras ideas al respecto para encontrar aquellos puntos en los que nos hemos "rigidizado". La tarea me recuerda aquella que realizaba con regularidad el Principito, en la obra de Antoine de Saint-Exupéry: diferenciar las semillas de los rosales de las de los baobabs, esos árboles que, si se los dejaba crecer, hacían explotar el planeta perforándolo con sus inmensas raíces. Decía el Principito: "Es una tarea muy aburrida, pero muy fácil". Debemos dedicarnos con regularidad a la tarea de diferenciar nuestras creencias saludables de aquellas que podrían invadirnos y acabar siendo "tóxicas". En ocasiones, el "examen" de estos supuestos nos llevará a rechazarlos, otras a aceptarlos, otras más, a hacerles algunas modificaciones. Pero en cualquiera de estos casos seremos nosotros los que gobernaremos a nuestras creencias y no ellas a nosotros.

Si lo conseguimos, la creatividad de nuestro pensamiento nos sorprenderá aun a nosotros mismos y encontraremos salidas que antes eran impensables:

Hace algún tiempo, un paciente me contó que estaba fastidiado con su hermano y sus dos sobrinos. Sucedía que los tres eran aficionados del equipo de futbol Boca Juniors, mientras que él lo era del archirrival de este equipo, el River Plate. Mi paciente tenía un hijo pequeño (que apenas si podía patear el balón) a quien trabajosamente intentaba convencer de las bondades de este último club. Al mismo tiempo, sus sobrinos y su hermano, haciendo uso de la racha de triunfos de su equipo, le cantaban las canciones de Boca al pequeño, le regalaban la camiseta y le ofrecían ir al estadio con ellos. Esto enfurecía a mi paciente, quien se sentía traicionado y temía la posibilidad de no poder compartir con su hijo la pasión futbolística. Le comenté que sus sobrinos parecían estar muy contentos de ser del Boca, a lo que contestó: "¡Y claro! ¡Con lo bien que les está yendo!". Permaneció un minuto en silencio y luego dijo que quizá la intención de su hermano y sus sobrinos no fuera perjudicarlo a él, sino hacer partícipe a su hijo de esa alegría. Riendo, reconoció que probablemente su hijo tendría más alegrías deportivas siendo seguidor del Boca que si lo era del River. Añadió que para él era más importante compartir eso con su hijo que serle fiel al club y que llegado el caso... ¡él también se haría del Boca Juniors!

FUENTES Y LECTURAS RECOMENDADAS

Este acertijo llegó hasta mí por tradición oral. Puedes encontrarlo en el libro *Ejercicios de pensamiento lateral* de Paul Sloane, junto con muchos otros enigmas de este tipo. El término "pensamiento lateral" fue acuñado por el psicólogo estadunidense Edward De Bono para describir un tipo de pensamiento que se aparta de los caminos que usualmente traza la lógica y se nutre del sentido común y de la creatividad. Éste es el tipo de razonamiento que necesitarás para resolver estos enigmas.

El Principito, de Antoine de Saint-Exupéry, es un libro maravilloso, repleto de enseñanzas y pasajes hermosos. Es un libro para niños pero, especialmente y como lo deja entrever el autor en la dedicatoria, es un libro para los niños que los adultos fuimos alguna vez. La historia de los baobabs es, seguramente, una de las más memorables del libro y está acompañada de un dibujo también memorable. Es gracioso, pero hasta no hace mucho yo creía que los baobabs eran un invento de Saint-Exupéry, un árbol imaginario al que el autor le había dado un nombre que transmitiera su potencial peligrosidad. Me sorprendí mucho cuando descubrí que los baobabs existen en verdad: crecen en África y son tan imponentes como los del libro.

Paul Sloane, *Ejercicios de pensamiento lateral*, Ediciones De Mente, Buenos Aires, 2009.
Antoine de Saint-Exupéry, *El Principito*, Salamandra, Madrid, 2004.

La amenaza de la ira

Por lo general, él es un hombre pacífico y más bien callado. Sin em-
bargo, ante cualquier "falta de respeto", pierde los estribos. Basta
una frase poco cordial de un mesero, un intento de "aprovecharse
de él" de un comerciante o, cuando está al volante, una mala ma-
niobra de otro conductor para que él sienta que explota. Se pone
tenso y rojo, insulta y llega al borde de la agresión física. Se contie-
ne pero se queda inquieto y nervioso, rumiando el episodio duran-
te todo el día.

RICARDO:

Sakyamuni dijo una vez: "Yo enseño una cosa y sólo una cosa:
cómo liberarse del sufrimiento". Dejarse llevar por la ira, coinciden los sabios de diversas culturas, conduce de modo inevitable
al sufrimiento. Para comprobarlo, basta leer las noticias de los
grandes enfrentamientos entre los pueblos, mirar por la televisión las imágenes de la última reyerta en las calles de tu ciudad
o pasar apenas unas horas en un centro de atención psicológica
de familias. El potencial de destrucción que la ira tiene sobre los
vínculos entre las personas es enorme. De allí que sea tan importante aprender, si no a liberarnos de ella, al menos a moderarla y

encauzarla, a conseguir que no nos desborde y condicione nuestros pensamientos y nuestras acciones.

La ira repercute negativamente no sólo en la vida de aquellos a los que se dirige, sino que también tiene efectos devastadores sobre aquel que la siente. Es conocido el papel perjudicial que la tensión generada por la ira ejerce sobre el corazón y el aparato circulatorio. Ya en el campo de las relaciones humanas, reaccionar con ira en forma frecuente puede llevarnos al deterioro y finalmente a la ruptura de nuestros vínculos personales más importantes y asimismo comprometer seriamente nuestras relaciones laborales y sociales. Muchas veces, aun cuando nos disculpemos luego de un arranque de ira o intentemos reparar de algún modo el daño que hemos provocado, las consecuencias de nuestras acciones iracundas no pueden ser borradas así como así... hay cosas de las que es muy difícil volver.

Y es que cuando le damos rienda suelta a la ira, tomamos malas decisiones: decimos cosas que no creemos o que sería mejor callar, hacemos cosas que lamentamos luego, o nos precipitamos en un curso de acción cuestionable. Somos capaces de hacer todas estas cosas con tal de descargar la emoción que nos embarga. Por eso nos dejamos llevar por la ira: para aliviarnos de la tensión que sentimos y que se vuelve insoportable.

El sentido común, sin embargo, nos lleva a pensar que lo mejor sería contener la ira. Está bastante extendida la idea de que si uno se siente demasiado enfadado, lo mejor que puede hacer es tomarse un tiempo y retirarse de la situación hasta que se haya calmado. Seguramente es una buena idea si se está, por ejemplo, al borde de golpear a alguien; pero como solución de fondo deja bastante que desear. Si cada vez que tengo un conflicto con alguien, necesito "salir a dar una vuelta", es seguro que nunca podré resolver el problema subyacente ni seré capaz de establecer qué es lo que me desagrada de la situación o la conducta del otro.

Esto ha llevado a algunos (profesionales y legos) a concluir que, entonces, sería preferible dejar fluir la ira, liberarla para "sacarla de nuestro sistema". Aunque esto puede calmar el malestar del momento, inevitablemente conlleva las consecuencias negativas de las que ya te hablé y que, de seguro, has comprobado. Este método tampoco funciona para poner un límite a las conductas abusivas de otros, pues en muchas ocasiones lo que conseguimos es que el otro "redoble la apuesta" y tome represalias. Así entramos en una escalada de agresiones cada vez más hirientes. Es más, aun cuando consigamos que el otro cambie de actitud, lo hará en función del miedo que le produce mi ira. Está claro que de ese modo no se fortalecerá el vínculo, sino que lo que conseguiremos es que el otro se vaya alejando en silencio.

Al parecer no hay salida: refrenar nuestra ira puede resultar perjudicial, expresarla libremente, también. El problema, creo, es que preguntarse "¿qué hago con la ira?" una vez que ésta se ha desatado es como preguntarse "¿qué hago después de caer por la ventana?". Para paliar y disminuir las consecuencias negativas de la ira es necesario actuar con algo de anticipación. Y para ello es indispensable dilucidar cuál es la función de la ira.

Si observamos los cambios fisiológicos que se producen en nuestro organismo cuando nos invade la ira, comprenderemos que ésta es una reacción del cuerpo que prepara al individuo para enfrentar un peligro. Los músculos se tensan, el corazón se acelera, los vasos se dilatan... todo nuestro cuerpo está alerta, preparado para reaccionar con la mayor rapidez. Vale decir: sentimos ira cuando nos sentimos amenazados.

Si logramos identificar qué es lo que percibimos como una amenaza, entonces podremos soportar la angustia y la tensión por un tiempo sin necesitar descargarla de inmediato (en forma de agresión), para buscar luego otro modo de respuesta. Esto es: ser más estratégico. Definir un curso de acción en lugar de dejarse llevar por una reacción. Este nuevo modo de enfrentamiento puede ponerse en práctica mediante vías indirectas o directas. Las indirectas incluyen urdir algún tipo de artimaña para lidiar con esa supuesta amenaza (por ejemplo: hacerse el tonto o utilizar la seducción). Las directas incluyen generalmente expresar mi enojo de alguna manera y hacerle saber al otro qué me molestó de su conducta. A diferencia de la ira, el enojo es la sensación de desagrado frente a una situación, pero sin que ésta se me presente como una amenaza para la cual no tengo respuesta.

Distinguir cuál es la *amenaza* en determinada situación es sencillo. Se trata de algo que viene de afuera, algo que nos impacta como del todo inaceptable, aquello de lo cual nos decimos a nosotros mismos "no puedo soportar que...". Mucho más difícil y trabajoso es reconocer (y lo digo tanto en el sentido de identificar como en el de admitir) *qué de mí* es lo que siento *amenazado*.

En ocasiones, nos sentimos amenazados ante la temible perspectiva de la soledad, el agravio, el abandono. Otras veces, la amenaza tiene que ver con la idea que tenemos de nosotros mismos: nuestro orgullo, nuestra decencia, nuestra belleza o nuestra inteligencia. Y es para defender esa imagen que arremetemos contra todo y contra todos, dispuestos a pagar cualquier precio para demostrar que somos quienes decimos ser.

En su libro *Palabras a mí mismo*, Hugh Prather dice: "La crítica que más me hiere es la que resuena con mi propia condenación". También vale decir: el insulto que más me enfurece es el que resuena con mi propia condenación. Cuando una situación nos produce ira cada vez que nos encontramos con ella, tendremos que preguntarnos qué aspecto que nos molesta de nosotros mismos se está poniendo en juego.

Tengo un amigo (es tan buen amigo como para permitirme escribir esto) que no podía tolerar comentario alguno que cuestionase, aunque fuese sutilmente, su orientación sexual. Bastaba que le dijesen "Anímate, no seas maricón", para que se pusiera agresivo y querellante. Ni hablar si alguien que no lo conocía cometiera el error de decirle "gay" o cualquier otro apelativo de esos que, como se sabe, son tan comunes cuando los hombres nos reunimos. De inmediato había que refrenarlo para que no se fuera a los golpes. Mi amigo reaccionaba con ira frente a estos comentarios porque lo conectaban con algo de sí mismo que él rechazaba. ¿Qué quiero decir? ¿Qué era secretamente homosexual? No, de ningún modo. Pero sí, que en una circunstancia difícil que había tenido en la vida y totalmente ajena a la sexualidad, él sentía que no se había comportado "como un hombre". Por eso se enfurecía frente a esas referencias, porque amenazaban con delatar esa falta de hombría que él sentía como una verdad. Vale aclarar que él había actuado en una situación límite lo mejor que había podido (y a mi entender, con mucho valor). Cuando comprendió esto, la ira que despertaban los comentarios sobre "ser maricón" desapareció y hasta él mismo comenzó a bromear con ello.

Si queremos encauzar nuestra ira, tendremos que estar muy atentos y ser muy sinceros con nosotros mismos a la hora de identificar qué cosa en la situación que enfrentamos es la que sentimos como una amenaza y qué punto vulnerable de nosotros mismos sentimos atacado.

Sakyamuni es uno de los nombres con que se conoció a Buda. Se dice que su verdadero nombre fue Siddhartha Gautama y que nació siendo el hijo del poderoso rey de los sakya. De allí que luego que abandonase el palacio de su padre y emprendiera el camino de la iluminación se le conociese como Sakyamuni, que significa "sabio de los sakya".

Palabras a mí mismo, de Hugh Prather, es, de algún modo, un libro de aforismos. Fue escrito en 1970 y es, creo, un fiel representante del movimiento humanista que dominó aquellos años. Dentro del mismo movimiento habría que englobar a la terapia gestáltica, especialmente en la vertiente de la Costa Oeste que se asentó en el Instituto Esalem de California y era liderada por Fritz Perls. La vertiente de la Costa Este, más técnica, se asentó principalmente en Cleveland y estaba bajo un mayor influjo del otro co-creador de la terapia gestáltica, Paul Goodman.

Hugh Prather, *Palabras a mí mismo*, RBA, Barcelona, 2005.

SEGUNDA PARTE

Yo y tú

Una sexualidad sin frenos

Ellos se quieren, pero se quejan de que su vida sexual es algo pobre. Ella no se atreve a ciertas cosas: se avergüenza de algunas partes de su cuerpo. Él no puede relajarse: está muy preocupado por "hacerlo bien". Ambos han puesto mucho esfuerzo, mas la cosa no mejora.

Pedro y Lucía:

De seguro conocen la historia. La mujer, tentada por la serpiente, comió del fruto prohibido y luego le dio de comer al hombre. Desobedecieron así a Dios y éste los expulsó del paraíso. Todos creemos entender de qué se está hablando, pues de alguna manera se ha instalado en la creencia popular que "el fruto prohibido" es una metáfora para referirse al sexo, y que es por descubrir el sexo que el primer hombre y la primera mujer son castigados y echados del Edén.

Lo interesante es que la Biblia dice muy claro que el fruto prohibido no tiene relación alguna con el sexo: se trata del fruto del árbol del conocimiento, que le permite, a quien lo pruebe, conocer el bien y el mal, y distinguir así lo bueno de lo malo. Es más, mientras están en el Edén, el hombre y la mujer, que aún no tienen nombres, carecen de sexo. Tampoco piensan en ello, pues no conocen siquiera su propia desnudez. Pero el fruto del conocimiento les abre los ojos: reconocen entonces su desnudez, ven sus cuerpos y sienten vergüenza, como lo expresa el propio Adán. Dios los castiga entonces por partida doble: a la mujer, con dolor en el parto y con el sometimiento; al hombre, con la necesidad de trabajar para comer y con la mortalidad. Adán da entonces un nombre a su mujer, la llama Eva, lo que significa "vivir".

Recién entonces, fuera del paraíso, avergonzados por la desnudez, conscientes de la existencia del bien y del mal, con la perspectiva del dolor y el sometimiento, del esfuerzo y de la muerte, justo entonces, tienen sexo, o, como lo expresa la Biblia "se conocen". Justo entonces diría yo, les es *posible* tener sexo. En el paraíso, donde reina la perfección, donde todo es dado, donde nada está oculto y, por lo tanto, nada puede ser descubierto, allí donde no hay nombres, ni conciencia del bien y del mal ni de nuestra inexorable finitud, no era posible que hubiera sexo. Es como si se nos transmitiera que el sexo implica necesariamente diferencias, imperfecciones, vergüenzas, conciencia de nuestra vulnerabilidad.

En el Génesis y en otros pasajes de la Biblia se utiliza la expresión "conocerse" para referirse a las relaciones sexuales. Y la elección de esa palabra no me parece casual, ni tampoco desacertada. Quizá sea una muestra de una antigua sabiduría que habría que escuchar. Quizá esa expresión nos sirva para entender que un encuentro sexual es precisamente eso: un encuentro. Una manera de hacer contacto con otro, de comunicarse. Un modo privilegiado de conocerse, de descubrir a otro distinto de mí. La comunicación que establecemos durante un encuentro sexual es por lo general de un carácter profundo, casi podríamos llamarla "verdadera", pues allí nos encontramos desnudos, no sólo físicamente, sino expuestos a ser vistos como somos, con aquellos aspectos que nos agradan o nos enorgullecen y con aquellos que nos avergüenzan y nos incomodan.

Si entendemos el sexo de este modo, quizá podamos comenzar a dejar algunos de los "pesos" que se le han ido agregando a nuestra vivencia de la sexualidad. A lo largo del tiempo y a través de normas culturales, sociales y religiosas, se han ido enredando con el sexo temores, prejuicios y tabúes, que muchas veces nos dificultan vivir una sexualidad más placentera y satisfactoria. Por eso creo que disfrutar de una sexualidad más libre, que proporcione placer y que permita un verdadero encuentro con el otro, tiene que ver más con "soltar" algunas de estas ideas preconcebidas que con descubrir conceptos o técnicas novedosas. En términos automovilísticos, podríamos decir que se trata más bien de soltar el freno que de pisar el acelerador.

¿Qué sensaciones, pensamientos, temores, nos llevan a ponerle un freno a nuestra sexualidad? Las respuestas pueden ser muy variadas y diferentes para cada uno, pero revisemos algunos puntos importantes que quizá nos ayuden a destrabar esos lugares donde la sexualidad se nos vuelve una carga.

En primer lugar está la vergüenza: vergüenza de nuestros cuerpos y de la excitación que nos provocan, así como de la diferencia que hay entre nuestro cuerpo y el ideal que nos hemos forjado. Y es que a muchos de nosotros, nuestros padres, educadores y líderes, nos han enseñado que todo lo relacionado con el sexo es sucio, pernicioso o, en el peor de los casos, maligno ("eso no se hace", "no te toques ahí", "eso no es de niñas bien"). Creo que, en la mayoría de los casos, lo han hecho sin mala intención, transmitiendo simplemente lo que a ellos una vez les dijeron, pues no han sabido qué hacer frente a las primeras apariciones, un poco desconcertantes, de la sexualidad en sus hijos. Lo malo es que estos comentarios o el clima de "indignidad" que se crea alrededor del tema del sexo, acarrea inhibiciones que perjudican la experiencia sexual, aun antes de que se produzca un encuentro real con otro.

UNA SEXUALIDAD SIN FRENOS

Pero no me malinterpretes; con esto no quiero decir que sería deseable que desapareciese todo recato y pudor sexual. No es que crea que habría que caminar desnudos por la calle, o que las parejas debieran tener sexo en la fila del supermercado o los padres frente a sus hijos. Si la sexualidad debe mantener su carácter misterioso y parcialmente velado, no es porque sea "mala", sino porque es íntima; porque pertenece, quizá más que ninguna otra cosa, al campo de lo privado.

Otro aspecto que en ocasiones inhibe nuestra experiencia sexual tiene que ver con uno de los miedos más arcaicos del ser humano: el miedo a perder el control. Este temor se manifiesta no sólo en el individuo sino también en la sociedad; de hecho, la represión sexual que algunas instituciones han ejercido a lo largo de la historia ha tenido bastante que ver con evitar esa posible pérdida de control. ¿Por qué le tememos al descontrol? Porque, de alguna manera, es una amenaza para nuestra integridad: si no puedo controlar mis acciones, estoy a merced de quien está conmigo (lo cual nos lleva, ya veremos, al miedo a la entrega) y si ninguno de los dos puede controlar sus acciones, estamos a merced del afuera. Durante una relación sexual, cuando realmente estamos allí presentes hay, en efecto, una disminución del control. Volviendo un poco al Edén, un viejo chiste cuenta que Dios se acercó a Adán y le dijo:

–Tengo dos noticias para darte, una buena y una mala... La buena es que te voy a regalar dos órganos maravillosos.

–¡Que bueno! ¡Muchas gracias! —dijo Adán.

–El primero es un cerebro que te servirá para pensar y comprender el mundo. El segundo es un pene, que te servirá para hacer el amor y te dará placer.

–¡Increíble! ¡Gracias!... Pero ¿cuál es la mala noticia?

–¡Que sólo podrás usar uno a la vez!

Efectivamente, nuestra cabeza —siempre tan ocupada en procesar información, sacar conclusiones y decidir— está un poco relegada durante el sexo. Tanto más cuanto más se aproxima el orgasmo, que implica necesariamente una breve pérdida de control. Algunas personas tienen dificultades para dejarse ir y mantienen un alto nivel de racionalidad durante el sexo, lo que impide que puedan llegar a tener una experiencia más placentera y satisfactoria.

Los intentos por controlar el desarrollo de una relación sexual, por ejemplo, para mejorar el *performance*, muchas veces tienen el efecto opuesto, porque la atención se centra en los propios pensamientos y me alejo de lo que está ocurriendo con mi pareja. De hecho, sabemos hoy que la gran mayoría de las dificultades sexuales, tanto en el hombre como en la mujer, se deben a lo que en general se denomina ansiedad de desempeño, es decir, la preocupación por "hacerlo bien". Es muy excitante ver, oler, escuchar y sentir a la persona que uno ha elegido, pero nada hay menos excitante que estar pensando todo el tiempo en si tendré o no una erección, si llegaré al orgasmo o no, o si lograré satisfacer a mi pareja. Perseguir deliberadamente el orgasmo, por ejemplo, es la mejor manera de perdérselo. El orgasmo es algo que ocurre como resultado de un buen encuentro, pero no puede convertirse en el objetivo de una relación; de lo contrario, todo lo demás se vuelve un trámite (y a nadie le gustan los trámites).

Sin embargo, de alguna manera nos hemos dejado convencer de que nuestro grado de masculinidad o feminidad se mide según qué tanto podemos satisfacer a otro en la cama, en cuántos orgasmos provocamos o tenemos, en cuánto tiempo "aguantamos". El sexo termina convirtiéndose así en un deporte, una tarea o, aún peor, un examen. En verdad toda esta cuantificación y calificación tiene bastante menos que ver con el encuentro sexual que con nuestro narcisismo y nuestra competitividad frente a los otros. Si podemos dejar de lado estas preocupaciones, de seguro los encuentros en la intimidad serán más placenteros y gratificantes.

Una salvedad en este sentido es el uso de algunos métodos anticonceptivos y de prevención de enfermedades de transmisión sexual que a veces exigen detener lo que se viene dando para, por ejemplo, colocar un preservativo. Desconfío en principio de las personas que dicen no haberse cuidado porque "en el momento no se puede pensar". Dejar de controlar el desarrollo de un encuentro sexual no quiere decir volverse un descerebrado. Por otro lado, sabiendo que la excitación a veces dificulta detenerse, es prudente pensar antes en esto y tener todo lo más preparado posible. Además, no se debe creer que una relación sexual tiene un desarrollo lineal, creciente e inmutable hacia el clímax, y que una vez interrumpido no puede retomarse. Por el contrario, en la cama hay momentos más álgidos y otros más tranquilos, pausas, cambios y reinicios; el momento de colocarse un preservativo será algo más dentro de este curso siempre distinto.

Una forma particular del temor a perder el control es, como mencioné antes, el miedo a la entrega. Si dejo de controlarme, de medir hasta dónde llego, de cuidar lo que hago o digo, entonces quedo indefenso frente a ti y corro el riesgo de salir lastimado o defraudado. En primer lugar, creo que valdría la pena aclarar que no todas las relaciones sexuales tienen por qué alcanzar el máximo nivel de entrega. Ni siquiera con la misma persona nos entregamos siempre de la misma manera. Y no hay nada de malo en ello; lo único que ocurrirá es que el nivel de comunión tampoco será el mismo. El problema aparece cuando alguien siente que, aunque lo desea, no puede perseguir ese nivel de entrega por temor a lo que su pareja hará después con eso. Es evidente que esto tiene mucho que ver con la confianza que uno pueda depositar en el otro; por ello, cuando está involucrado el afecto, las relaciones sexuales alcanzan otra dimensión.

Es cierto que el ir a la cama con alguien implica, como dije, exponer aspectos muy personales e íntimos y de alguna manera eso nos vuelve vulnerables. Pero si, para evitar la posibilidad de ser lastimados, mantenemos distancia durante el encuentro, con certeza nos estaremos perdiendo esa entrega mutua que es lo mejor que puede pasarnos.

El tercer y último gran enemigo de una sexualidad más libre (además de la vergüenza y el control) son los prejuicios. Se trata de esas ideas preconcebidas que tenemos sobre las cosas, mandatos provenientes de la educación y la sociedad, que muchas veces modifican nuestra manera de percibir lo que ocurre, e influyen en nuestras decisiones.

No es novedad que existen muchísimos prejuicios con respecto al sexo: sobre lo que es correcto, o respetable, o propio de una mujer o un hombre. Del sexo se habla por lo bajo, en secreto, se murmura o se sugiere, o en el peor de los casos, se calla. Todo ello favorece la construcción de prejuicios, aceptados por todos, que muchas veces propagamos sin darnos cuenta, sin dar lugar a la discusión o al desacuerdo. Muchos de los prejuicios que más afectan nuestra vida sexual tienen que ver con cuestiones de género. A las mujeres se les enseña, por ejemplo, que "sólo se tiene sexo por amor" o de lo contrario, son catalogadas de livianas; a los hombres se nos enseña que debemos tener sexo y cuanto más mejor o, de lo contrario, somos un poco maricones. Es como si a ellas se les dijera que una mujer no debe decir que sí, y a ellos que un hombre... ¡no debe decir que no! Menudo lío. No son sorprendentes los desencuentros que esto genera entre hombres y mujeres, tratando ambos de mantenerse dentro de esos mandatos, muchas veces al precio de relegar su propio deseo.

Otros prejuicios tienen que ver con suponer que ciertas prácticas sexuales son impúdicas o reprochables. Sería importante que cada uno pudiera decidir qué prácticas sexuales le interesan y cuáles no, y saber que aun cuando haya algunas que uno no desee realizar, éstas pueden quedar dentro del ámbito de la fantasía y ser un estimulante del encuentro sexual.

Los prejuicios actúan como un fondo que tiñe toda nuestra experiencia. Por eso habrá que "masticar" un poco estas ideas preconcebidas sobre los papeles, las actitudes y las prácticas sexuales para identificar las condiciones, únicas, de *mi* sexualidad. Descubrir y adoptar estas condiciones es un trabajo que cada uno de nosotros tendrá que tomarse, pero bien valdrá la pena porque redundará en una sexualidad más placentera y valiosa.

Para finalizar, retomemos aquello que quizá nos sugería la Biblia con la palabra "conocerse": que el sexo no es otra cosa que una forma exquisita de encuentro íntimo. No siempre que dos personas se cruzan, se produce un encuentro social; de igual modo, no es suficiente con que dos personas vayan a la cama para que haya encuentro sexual; a veces sucede, a veces no. Como solía decir Fritz Perls: si nos encontramos es maravilloso, si no, nada puede hacerse. Pero esto no significa que no haya manera de mejorar la vida sexual de una pareja que tiene dificultades; revisar los aspectos mencionados (la vergüenza, el miedo, los prejuicios) que restringen la libertad en la cama puede ser de utilidad; pero creo que debemos entender también que a veces, simplemente no pasa, y no tiene nada que ver con que haya algo malo contigo o conmigo. Sólo debemos hacer a un lado la omnipotencia de pretender que siempre, en cada oportunidad, nos entendamos. Creo que si comprendemos esto, estaremos más livianos para disfrutar de las veces en que sí, maravillosamente, nos encontramos.

FUENTES Y LECTURAS RECOMENDADAS

Podríamos llamar a este viejo chiste "Los regalos de Adán". Llegó a mí por tradición oral. Creo recordar que fue mi padre quien me lo contó.

Además de ser un manifiesto de su ideología, la "Oración gestáltica" de Fritz Perls era utilizada por el propio Fritz como una verdadera herramienta terapéutica. Solía comenzar algunas de sus sesiones haciendo que el paciente repitiese estas frases o que cada uno de los integrantes de una pareja se las dirigiese al otro. Les pedía entonces que tomaran profunda conciencia del significado de las palabras que iban pronunciando y luego solía preguntarles: ¿qué sientes al decir esto? Y así comenzaba su exploración del modo de estar en el mundo de esta persona o pareja.

UNA SEXUALIDAD SIN FRENOS

La doble naturaleza
de la soledad

Él se siente solo. A su edad, dice, ya no encontrará a nadie con quien compartir su vida. Su soledad es como un peso con el que carga todos los días. A menudo se pregunta si algo andará mal en él. Se siente un fantasma, como si nadie lo viese.

DARÍO:

Todos le tememos al fantasma de la soledad. Pocas perspectivas nos atemorizan más que la de encontrarnos completamente solos, incomunicados y separados de otro: únicos habitantes de una gran ciudad o extraviados en un páramo desolado. La idea de carecer de vínculos afectivos, de padecer la ausencia de otro con quien compartir nuestra intimidad, nos llena de desasosiego.

¿Pero qué es lo que hace que la soledad nos sea tan difícil de soportar? ¿Por qué nos produce esa angustia tan profunda, para la que muchas veces no encontramos consuelo? En principio, porque en un nivel básico la soledad es percibida como una amenaza para nuestra supervivencia. Para los hombres de culturas arcaicas, el aislamiento era un estado peligroso y temible. El grupo era indispensable para satisfacer las necesidades vitales de sus integrantes: alimento, refugio y protección; por lo tanto, el que un individuo se separase del grupo era tanto un peligro para sí mismo como una actitud que debía ser sancionada para advertir al resto. Muchos tabúes y ritos "primitivos" apuntan a fortalecer nuestros vínculos con los otros y a disuadirnos de separarnos de ellos.

En segundo lugar, la soledad nos inquieta porque, aun en el mundo de hoy donde podría plantearse que la relación con otros no es indispensable para satisfacer las necesidades vitales, sabemos que los vínculos afectivos cubren otro aspecto igual de importante. El contacto con otros, el ser tocado, llamado, estimulado, es necesario para un adecuado crecimiento y desarrollo. Así lo prueban los casos de niños que, por ausencia de sus madres, son criados por personal hospitalario y a pesar de ser alimentados adecuadamente no se desarrollan como debieran. En algún momento, los profesionales de la salud se dieron cuenta que aquello de lo que carecían estos niños era de contacto: de que se les abrazara mientras se les alimentaba, de que se les acariciara para dormir, de que se les hablara aunque no entendiesen palabra.

La necesidad de vínculos con otros no termina, está claro, cuando comienza la adultez. Nuestra identidad se construye en relación con los demás, nuestra vida está organizada en torno a las relaciones interpersonales. Ya Aristóteles escribió que aquel que puede vivir fuera de la sociedad es un dios o una bestia. La necesidad de construir vínculos está en nuestra naturaleza; es lo que precisamente nos convierte en humanos.

Y sin embargo, todos nos hemos sentido solos en algún momento de nuestra vida. Recuerdo que un día, siendo yo niño, me encontraba en mi habitación sin saber qué hacer: nos habíamos mudado poco tiempo atrás y aún no había hecho amigos en el nuevo vecindario. Me acerqué entonces a mi padre y le dije:

–Papá, estoy aburrido.

–Hijo —me respondió—, tienes que aprender a estar solo.

Tiempo después, una tarde, mi padre entró en mi habitación y me encontró jugando solo. Debía ser algo frecuente en ese tiempo y esto le preocupó. Se sentó sobre la cama y me habló:

–Hijo, ¿no crees que sería bueno que te hicieras de más amigos?

No sin un tinte de reproche le contesté:

–Tú me dijiste que tenía que aprender a estar solo... pues ya aprendí.

Mi padre pensó un segundo y luego dijo:

–Bueno, ahora tienes que aprender a estar acompañado y ya tienes todo.

En aquel momento no pude sino enfadarme, pero con los años el episodio fue tomando un significado distinto. Lo que mi padre me transmitía en aquel momento, sabiéndolo o no, era que para vivir bien es tan necesario poder transitar momentos de soledad como poder relacionarse con otros. Ambas son experiencias ineludibles en nuestra vida y si, en función de evitar la inseguridad o la angustia que nos generan, hacemos a un lado cualquiera de ellas, nuestra vida se limitará en gran medida.

La soledad es un problema tanto para aquellos que se sienten aislados de los demás como para los que deben correr de un lugar a otro en busca de compañía para no encontrarse ni por un segundo con el malestar que les produce estar solos. El objetivo sería entonces poder pasar con fluidez de estar solo a estar acompañado.

La soledad presenta una doble naturaleza: por un lado nos permite estar en contacto con nosotros mismos, brinda tranquilidad, paz y un espacio para la reflexión y la creación. Por otro, despierta sentimientos de tristeza y dolor que nos empujan a relacionarnos con otros, a salir de nosotros mismos. Cada uno de estos aspectos expresa un deseo humano que se contrapone con el otro y que intentamos equilibrar: deseo de individuación, de establecer límites, de diferenciarnos, por un lado; deseo de relajar esos límites, de disolvernos en el otro, de ser uno con el mundo.

Esta "doble faz" de la naturaleza humana se expresa en todos los grandes mitos y en las historias de héroes y profetas. En todos podemos encontrar un periodo de soledad, una retirada del mundo de los hombres que concluye con un retorno para actuar entre ellos bajo una nueva forma. Tal es el caso de la desaparición de Jesús en el desierto, la iluminación de Buda bajo el árbol Bodhi o el largo viaje de Ulises. La soledad fue necesaria para transformarlos en hombres capaces de modificar su entorno. En nuestras vidas, más modestas, también existen momentos en los que nos replegamos sobre nosotros mismos, para poder continuar luego nuestra vida hecha de encuentros con otros.

Ocurre en ocasiones que este "estar solo" se eterniza, deja de ser un momento y uno pasa a sentirse encerrado, atrapado en un círculo del que parece imposible salir. Surge entonces la sensación de la soledad. Y digo sensación porque la soledad es una apreciación subjetiva: me *siento* solo. Por ello no importa si estoy efectivamente solo o si hay personas alrededor: lo que produce esa sensación desagradable, ese desasosiego, es la carencia de relaciones significativas, la falta de posibilidades para intimar. Es más, los mismos vínculos que una vez fueron significativos y enriquecedores pueden, de no ser nutridos, estancarse, petrificarse y dejar de ser un lugar de encuentro.

No cualquier "otro" puede aliviar la soledad. Para que eso suceda, yo debo sentir que ese otro *se interesa por mí.* Cuando siento que a otro le intereso (aunque eso no signifique necesariamente que le gusto ni que me quiere), cuando siento que el otro me *ve* y me *escucha*, comienzo de alguna manera a sentirme acompañado. Por eso, para salir de la soledad no es necesario encontrar a alguien que me rescate, sino que más bien se trata de *construir vínculos* que comiencen a abrir ese círculo en apariencia impenetrable.

Cuando la soledad se transforma en un estado duradero, cuando se convierte en algo de lo que padecemos, habremos de preguntarnos qué función está cumpliendo esta soledad en nuestra vida. ¿A qué me refiero con una función? Pues a que (aunque nos sea difícil de aceptar) cuando un problema nos afecta por largo tiempo, es probable que lo estemos sosteniendo, al menos en parte, porque nos sirve para algo. Pero... ¿para qué puede servir la soledad? En mi opinión la soledad puede cumplir, principalmente, dos funciones: la de un castigo o la de un refugio.

Muchas de las personas con las que me he cruzado y que decían sentirse solas, sufrían también la sensación de que su soledad era una especie de condena. Un castigo que se les había impuesto por alguna debilidad o deficiencia personal y contra la que era inútil luchar.

El hecho de que la soledad aparezca asociada a la idea de un castigo no debe parecernos extraño pues, a lo largo de la historia, crímenes como la traición, la deshonra o la inmoralidad eran sancionados con el destierro. ¿Y qué otra cosa es el destierro sino una condena a la soledad total? El destierro era la pena que se aplicaba a aquellos que cargaban con la vergüenza sobre sus hombros. Era como si se les dijese: "Vete, no te queremos aquí, no eres digno de vivir entre nosotros".

Creo que muchas personas que se sienten solas se han impuesto a sí mismas una especie de destierro. Se sienten avergonzadas de sí mismas, indignas de alguna manera y por ello se inflingen, o cuando menos se someten, al castigo de la soledad. Se dicen a sí mismas: "Eres demasiado gordo o demasiado flaco, demasiado tímido o torpe. Demasiado inteligente, demasiado lindo, demasiado débil". A fin de cuentas: demasiado diferente. La actitud de muchos "solitarios" es la misma de aquellos desterrados: buscan reparar esa falta, esa vergüenza; sólo así podrán volver a estar entre los suyos. Se dicen, por ejemplo: "Cuando adelgace, entonces comenzaré a buscar pareja". Este enfoque no funciona porque profundiza la sensación de que ese rasgo (en este caso, la gordura) es indigno e inaceptable, lo cual conduce a un mayor retraimiento. El único modo de curar la vergüenza es mostrarnos tal cual somos y reunirnos con aquellos que pueden querernos así, imperfectos. Esos encuentros afectivos serán el bálsamo que nos permitirá abandonar nuestro aislamiento.

Para otros, la soledad se convierte en un refugio, un lugar seguro en el cual permanecer fuera del alcance de otros peligros. Pero ¿a qué podríamos temerle tanto como para elegir refugiarnos en la soledad? Evidentemente a amenazas provenientes de los otros, en particular: al rechazo y al abandono.

Tanto el rechazo como el abandono son experiencias dolorosas; no sirve de nada negarlo. El problema radica en creer que sería posible pasar por la vida sin que esto nos ocurriera jamás a nosotros. Si yo creo posible tener vínculos con los otros sin tener que pasar por estas experiencias, cuando me lleguen (porque seguro lo harán) me enojaré o, por el contrario, pensaré que algo anda mal conmigo. Lo cierto es que no es posible relacionarse, intimar, sin correr el riesgo de pasar por estas vivencias. Es más, casi podríamos decir que aquí no se trata de un riesgo, sino de una certeza: alguien nos rechazará (al menos en algún aspecto) y rechazaremos a alguien en algún sentido (aunque lo aceptemos en otro). De la misma forma, en cierto momento nos tocará abandonar o ser abandonados. Lo que nos puede permitir salir del refugio de la soledad es reconocer que armar lazos es un riesgo, pero aun así vale la pena enfrentarlo.

Comprender que ciertos periodos de soledad son necesarios, centrarnos en construir vínculos significativos en lugar de buscar a *la* persona correcta, resistir la tentación de imponernos la condena del destierro y atrevernos a dejar la seguridad de nuestro refugio solitario, podrían ser, quizá, los cuatro pilares sobre los cuales apoyarnos para dejar de temerle al fantasma de la soledad.

FUENTES Y LECTURAS RECOMENDADAS

Aristóteles vivió alrededor del siglo IV a. C. Es uno de los pensadores que más han influido en toda la cultura occidental. La frase que cito aquí está tomada de su *Política*, pero los alcances de su obra son inmensos. Escribió sobre todo (o casi todo): política, ética, metafísica, astronomía, biología, lógica, matemáticas... Quizá sea esto lo que le ganó la antipatía del escritor británico Bertrand Russell, quien, con su sarcasmo habitual, se refirió al hecho de que Aristóteles había sido tutor de Alejandro Magno y dijo: "No puedo imaginar que su pupilo lo viese más que como un viejo tedioso y pedante, enviado por su padre para evitar que se metiese en líos".

Aristóteles, *Política*, Porrúa, México, 2005.

LA DOBLE NATURALEZA DE LA SOLEDAD

"No" es una pequeña palabra

Ella siempre está disponible para los demás. A menudo relega sus propias actividades e intereses, pues privilegia acompañar a aquellos que quiere, pero se queja de que los otros no se comportan de igual modo con ella. Muchas veces acaba sintiéndose relegada y poco valorada.

GLORIA:

A todos nos ha ocurrido: alguien nos llama por teléfono, un amigo, nuestra pareja o (cuándo no) nuestra madre, y nos invita, digamos, a tomar un café. Y nosotros, que estábamos tan contentos de quedarnos en casa a ordenar por fin la biblioteca o ver ese programa de entretenimiento un poco vergonzoso, sentimos un impulso casi incontenible de decir que "Sí", de dejar lo nuestro para más tarde e ir a tomar el maldito café. No importa por el momento si finalmente aceptamos o no... pero el conflicto ya se ha instalado.

Responder a los pedidos y las demandas que no nos sentimos inclinados a satisfacer es una las situaciones conflictivas más frecuentes en nuestra vida cotidiana y que más dificultades nos generan. Es quizá paradójico que la salida a estas situaciones sea tan sencilla y a la vez nos resulte tan difícil. Se trata simplemente de decir "No". Pero si no conseguimos cierta soltura para pronunciar esta pequeña pero poderosa palabra, perderemos poco a poco el control sobre nuestras vidas.

Cuando nos cuesta tanto decir que "No", a menudo nos encontramos repletos de compromisos que no nos interesan, nos sentimos zarandeados por aquellos que nos rodean; con frecuencia tenemos que dar excusas de último momento (verdaderas o ¡inventadas!) o correr de una punta a otra de la ciudad para "cumplir" con todos. Es realmente agotador.

Pero este agotamiento no es la única ni la peor de las consecuencias de la incapacidad para contrariar los deseos de los demás. Estar tan ocupado con las "cosas" de los otros nos distrae y nos deja poco espacio para ocuparnos de lo que realmente nos interesa. Además, esta conducta puede, si se la deja avanzar, tener efectos nefastos para el crecimiento personal. Cada vez que accedo a hacer algo de manera forzada y me veo envuelto en una situación que no deseaba, por más nimia que sea, pierdo algo de respeto por mí mismo. Cada vez desprecio un poco más mis propios deseos; al relegarlos una y otra vez, les voy quitando su valor y sin saberlo voy diciéndome a mí mismo: "Tú no tienes importancia, tú no vales, eres poca cosa". Así, se deteriora el respeto por nosotros mismos, lo que hace que cada vez nos sea más difícil sostener una postura propia y decir que no.

Acceder a regañadientes a los pedidos de los demás no sólo tiene consecuencias que me afectan a mí mismo, sino que también deteriora la relación que tengo con quienes me comporto de esa manera. Decir "Sí" cuando quiero decir "No" es deshonesto y, peor aún, esta actitud nos llena de rencor hacia aquel que hizo el pedido. Es posible que esa persona no haya tenido la menor intención de manipularnos; es posible que hubiese aceptado un "No" de buen grado y, en algunos casos, que hasta lo hubiese preferido. Sin embargo, más allá de su intención, si no le damos lugar a nuestros propios deseos, acabaremos cargándole nuestra frustración y, finalmente, lo culparemos de nuestro descontento: "¡Tú no me dejas hacer mi vida; todo el tiempo tengo que estar ocupándome de ti!". Recuerda: no es una obligación del otro darle lugar a tus intereses, sino tuya.

Existen varios motivos que pueden empujarnos a privilegiar los intereses del otro sobre los propios. En mi opinión, la razón principal es el temor a perder el cariño de los demás. Desde pequeños hemos aprendido que "debemos ser buenos"; pero también hemos aprendido algo mucho peor: que "ser bueno" es "complacer". Y, por si fuera poco, de alguna manera se ha arraigado en nosotros la creencia de que "si no soy bueno nadie me querrá".

Así, cuando me encuentro frente a la perspectiva de defraudar a otro (digo defraudar en el sentido de no hacer lo que él espera de mí), termino sintiendo que si lo hago, perderé su cariño. Es más, si gracias a un esfuerzo de conciencia y aplomo logro hacer valer mis deseos y digo "No", ¿qué ocurre luego?: me siento culpable... ¡porque no he sido bueno! Debemos abandonar este circuito perverso.

Para ello, hay que reaprender a relacionarnos con los otros. Es necesario separar la idea de estar a disposición del otro, de lo que es la bondad y el cariño. En mi opinión, la bondad entraña entender y valorar los deseos y las necesidades de los otros; no en ponerlos por encima de los míos. En cuanto al cariño, de seguro que quienes nos estiman no querrán que renunciemos a nuestros deseos, que seamos menos de lo que podríamos ser por cumplir sus deseos o los de otros. Si alguien sólo nos aprecia cuando lo complacemos, no nos aprecia mucho en verdad. Pero atención: no es lo mismo dejar de apreciar que molestarse. Alguien puede molestarse al recibir un "No" de nuestra parte y aun así seguir apreciándonos. Será entonces parte de nuestro entrenamiento soportar ese enfado que, si hay afecto, será pasajero.

Otro motivo que en ocasiones nos impide decir "No" y que me parece importante mencionar es el temor a una respuesta agresiva. Hay situaciones en las que nos puede ser indiferente el afecto de alguien (por ejemplo, de nuestro jefe o del dependiente de una tienda) o bien, sabemos que ese afecto no está en juego (como el de una pareja establecida) y, sin embargo, no nos atrevemos a decir "No" porque nos asusta pensar en cómo va a reaccionar el otro: "Va a despedirme", "hará un escándalo", "me gritará", "me denigrará". En ocasiones, esa valoración catastrófica es exagerada y basta imaginarse frente a la consecuencia temida para desvanecer el miedo: "De acuerdo, te gritará... ¿Y qué sucede luego?". "Pues ahora que lo pienso, no gran cosa, iré a dar un paseo y volveré cuando esté más tranquilo." Otras veces, sin embargo, la respuesta agresiva puede ser más complicada: por ejemplo, un despido o el caso extremo de la violencia física. En esas circunstancias habría que tomar recaudos antes de decir "No" y recordar que siempre tengo un modo de responder ante la agresión del otro (que no es agredirlo yo). Si me niego a hacer tareas que no me corresponden y mi jefe me despide por ello, puedo, por ejemplo, apelar a otro superior para explicar la situación. En el peor de los casos, si ya no hay forma de defenderme, será momento de recurrir a la ley para que defienda aquellos derechos que están siendo vulnerados.

Vale la pena recalcar que en el afán por complacer al otro hay algo rescatable, pues de algún modo es un intento de cuidar la relación. Cuando se trata de alguien significativo, tener en cuenta sus intereses es parte importante en la construcción de un buen vínculo. Y aun cuando la otra persona sea alguien con quien nos cruzamos casualmente, sabemos que no somos autosuficientes (nos necesitamos unos a otros), y por eso la capacidad de entablar vínculos de colaboración mutua es importante para nuestra vida.

Por lo tanto, no sólo nos interesa aprender a decir que "No", sino que también queremos cuidar la relación con los demás, tanto con aquellos más cercanos como con quienes tenemos un contacto ocasional. De lo contrario sería hasta sencillo:

–Oye cariño, ¿quieres ir a cenar el sábado?

–¡¡¡No!!! ¡No me interesa ninguna mugrosa cena! ¡¿No te das cuenta acaso que necesito dormir?!

O bien, frente a la misma invitación podríamos explicar:

–¡Ay, qué pena! No puedo, precisamente el sábado tengo que buscar a un amigo en el aeropuerto que justo regresa de Tangamandapio...

Pero, por supuesto, ni agredir ni mentir ayudan a establecer buenos vínculos, sino todo lo contrario. Bien, entonces... ¿cómo decir que "No" y al mismo tiempo cuidar una relación? La respuesta es sencilla: siendo *asertivo*.

La conducta asertiva es aquella que está de alguna manera a medio camino entre la conducta pasiva y la agresiva. Ser asertivo implica sostener la propia voluntad, pero no intentar imponerla al otro; defender el propio "territorio" sin invadir el ajeno; ser abierto y franco; decir "esto es lo que siento y lo que pienso". En el pequeño diálogo que imaginábamos, una respuesta asertiva podría ser algo así como: "Realmente no me dan ganas, me gustaría descansar el sábado. ¿Qué te parece el martes por la noche?"; o "Mira, cariño, hoy no estoy de humor. ¿Qué dices si vas con una amiga y luego paso a buscarte para tomar un café?".

Ser asertivos no sólo es una buena manera de conseguir nuestro objetivo (decir que "NO" y cuidar el vínculo), sino que, además, el hecho de afirmar la propia posición nos devuelve nuestra dignidad. Seguramente te preguntarás cómo se vuelve uno asertivo. Se practica: a solas, imaginando cuál sería una respuesta adecuada para una determinada situación, o con los otros, estando atento a aquellos momentos en que queremos decir "No" para hacerlo de modo franco y afectuoso.

Cuando comenzamos a ser asertivos, en especial si antes solíamos reaccionar en forma pasiva, a quienes nos rodean puede resultarles sorprendente, chocante y hasta molesto. Sin embargo, en más ocasiones de las que imaginamos quienes nos quieren se alegran del cambio, aun cuando ellos mismos reciban algunas negativas. Otras veces se produce una adaptación particular y ocurre que la otra persona también comienza a ser más asertiva (y entonces nos tocará a nosotros soportar algunos NO. ¡A no chillar!) Existen también ocasiones en que, a pesar de nuestra voluntad y de transcurrido un tiempo, el vínculo no resiste el cambio, pues el otro no tolera que no seamos, hagamos o sintamos lo que esperaba. De ser así, habrá que replantearse seriamente este vínculo y evaluar si es posible seguir adelante o no.

Adultos huérfanos

Ella perdió a su madre algunos meses después de que ésta atrave-
sara una larga enfermedad. Poco tiempo después falleció también
su padre. Ahora ella se siente desorientada y extraña. Le resulta di-
fícil conectarse con su propia familia: su marido y sus hijos.

ANDREA:

La muerte de nuestros padres es una experiencia por la que todos
tendremos que pasar alguna vez. Por supuesto, es totalmente diferente que esta pérdida nos sorprenda en la infancia o en la adolescencia a que nos llegue cuando ya hemos alcanzado la adultez.
Esta última vivencia comparte algunos rasgos con otros procesos
de duelo, pero también tiene ciertas características que, creo, la
hacen única. Podríamos decir que en esta situación se es un adulto huérfano.

Parece difícil poner juntas las palabras adulto y huérfano,
pues al escuchar la segunda, las imágenes que enseguida vienen
a nuestra mente son las de un niño, solo y desamparado. Sin embargo, la experiencia de la orfandad aun en la adultez es de una
intensidad que en ocasiones sorprende a las propias personas que
la atraviesan y puede llevar incluso a la sensación de desamparo.

Las emociones que despierta son profundas y sacuden zonas muy íntimas de nuestro ser. Con frecuencia, este evento desencadena significativos cambios personales. No es raro encontrar que frente a la muerte de uno o ambos padres hay quienes se sienten perdidos, incapaces de continuar con sus vidas del modo como lo habían hecho hasta entonces. Incluso hay ocasiones en que la reacción es de un profundo enojo que, de perdurar, a menudo lleva al resentimiento.

Convertirse en un adulto huérfano es sin duda doloroso, pero creo que no tiene por qué ser necesariamente algo traumático. Es decir, no tiene por qué provocar una detención, una incapacidad para seguir adelante con la propia vida. Un paso importante para evitar que esto suceda es el que ilustra la siguiente historia:

En otros tiempos, en China, era costumbre decorar las casas con trabajos de caligrafía. Las familias que podían permitírselo encargaban a los calígrafos la confección de grandes lienzos con alguna frase que los representara.

Cuentan que una vez un hombre adinerado fue a ver a un calígrafo, de quien se decía que era también un gran poeta, para encargarle uno de aquellos grandes trabajos.

–¿Y qué frase le gustaría que le escribiera? —preguntó el calígrafo.

–No lo sé —respondió el hombre, y luego de dudar un momento agregó—: algo auspicioso, optimista.

–De acuerdo —dijo el calígrafo—. Estará listo en dos días.

Transcurrieron los dos días y el hombre volvió a la casa del calígrafo para buscar el lienzo. El calígrafo extendió entonces el lienzo sobre la mesa para que el hombre pudiese ver la obra terminada. En principio el hombre quedó impactado por la belleza y la fuerza que transmitían los trazos hechos en tinta negra. Sin embargo, cuando leyó lo que allí decía, lo embargó la indignación. El calígrafo había pintado tres frases, una debajo de otra:

> Padre muere
> Hijo muere
> Nieto muere

–¿Acaso usted se burla de mí? —dijo el hombre exasperado—. ¿O es que pretende insultarme deliberadamente? Le pedí una frase auspiciosa, optimista, ¿le parece a usted auspicioso esto?

–Oh, sí —dijo el calígrafo con naturalidad—. Ciertamente no hay frase más auspiciosa que ésta. No existe mejor deseo que el que he pintado para ti. Si tu hijo muriera antes que tú, o tu nieto antes que tu hijo, serías muy infeliz. Es auspicioso esperar que todo esto ocurra y que ocurra en este orden. ¿No es eso acaso lo mejor a lo que podemos aspirar?

Y diciendo esto le entregó el lienzo al hombre, que lo tomó en sus brazos sin saber aún qué decir. Cuentan que, al llegar a su casa, el hombre no sólo colocó el lienzo en el lugar más visible de todo el gran salón, sino que, a partir de aquel día, se volvió una persona más afectuosa y demostrativa. Dicen también que, en momentos difíciles, solía sentarse en el salón a contemplar aquellos ideogramas por algún tiempo para luego emerger rodeado de un halo de serenidad.

Si queremos evitar el resentimiento, debemos comprender que el hecho de ver (tarde o temprano) morir a nuestros padres no sólo es lo que se espera por el orden natural de las cosas, sino que es preferible, porque, como dice el calígrafo: es lo mejor que puede ocurrir. El caso contrario es, por supuesto, indeseable.

Unos meses atrás un amigo sufrió la muerte de su madre. Recuerdo que luego de que dijese algunas emotivas palabras en el cementerio, mi amigo y yo nos encontramos de pronto solos conversando como habitualmente lo hacemos. Entonces, todavía con algo de tristeza en la voz, dijo que de algún modo se sentía "tranquilo": su madre había vivido una buena cantidad de años, había tenido una buena vida, había visto a sus hijos convertirse en hombres, no había sufrido demasiado a la hora de morir y ahora, quienes la querían, estaban allí para despedirla y dejarla descansar en un jardín que, según mi amigo, a ella le hubiera gustado. ¿No era acaso eso lo máximo que podía pedirse? Yo creo que sí. Y creo que no debemos dejar que el dolor de la ausencia nos impida ver esta verdad. Aceptar la muerte de los padres como parte de un proceso natural es de gran importancia para aliviarnos del "peso" que conlleva y traernos cierta serenidad al respecto.

En este sentido, un grupo de aborígenes de la isla de Madagascar realizan frente a la muerte de los mayores un interesante ritual que encierra un valioso mensaje. El ritual rememora una leyenda de la tribu: se dice que el Creador, poco después de dar vida al primer hombre y a la primera mujer, les ofreció un regalo dándoles a elegir entre una piedra y un plátano. La pareja, hambrienta, optó por el plátano. Entonces el Creador determinó que sus vidas serían moldeadas de acuerdo con su elección. Así como el tronco de la planta muere después de dar el fruto, así los humanos darían descendencia y luego morirían. De haber elegido la piedra, la vida humana hubiera sido moldeada a esa imagen: inmortal y estéril. Por eso, frente a cada muerte, los aborígenes de Madagascar celebran el sacrificio de esos antepasados que, al elegir la mortalidad, eligieron también la posibilidad de dar vida a otros.

Es cierto que frente a la muerte de nuestros ancestros debe haber lugar para la tristeza, pero creo que sería deseable que también dejáramos lugar para honrar esa mortalidad que hace posible nuestras vidas. ¿O no elegirías tú también la fruta, fecunda y efímera, y descartarías la eterna esterilidad de la piedra?

Como te decía al comienzo, la muerte de los padres suele ser para un adulto el desencadenante de profundos cambios. Aun cuando, si somos verdaderamente adultos, nuestros padres no cumplen ya la función de la paternidad (no toman más decisiones por nosotros, no pueden solucionar nuestros problemas, no son nuestro único objeto de amor), su ausencia profundiza este nuevo lugar que ocupamos en el mundo: ya no tenemos las prerrogativas de ser hijos.

Esto trae aparejado varias consecuencias. En primer lugar, el hecho de haber estado en tiempos tan importantes como la infancia resguardados y amparados por ellos puede producir después de su muerte una vaga sensación de falta de seguridad, de estar expuestos a los peligros del mundo. Será importante en este sentido reconocer que como adultos somos nosotros mismos los encargados de proveernos resguardo y también de, en caso de necesitarlos, buscar otros afectos que puedan servir de apoyo. Un peligro notable al que quedamos expuestos cuando nos volvemos huérfanos es la propia muerte. Mientras nuestros padres viven, tenemos la ilusión de que estamos a cierta distancia de la muerte, de que, de algún modo fantasioso, estamos protegidos. Un comentario frecuente de quienes han perdido a sus padres ya mayores es el de haberse dado cuenta de que "soy el próximo en la fila para morir". Esta toma de conciencia puede ser inquietante pero, como todo darse cuenta, puede también ser positiva. La cercanía de la muerte nos hace apreciar la vida de otro modo y nos empuja a repensar qué estamos haciendo con ella. Entender que ya no somos "hijos" conlleva por fuerza una cierta pérdida de la infancia. Ese niño que uno fue se ha perdido para siempre, pues quienes mejor lo conocieron ya no están. Si queremos mantener vivo algo de eso, habremos de hacerlo en nuestro recuerdo y en las historias que sobre ese tiempo les contemos a otros. Entre los rasgos filiales de los que tendremos que desprendernos está también la posibilidad de ser amados incondicionalmente. La relación de los padres hacia los hijos (no al revés) es la única en que se da un amor incondicional y cuando ellos desaparecen, desaparece también este tipo de amor.

Vale aclarar que no estoy diciendo que nadie pueda amarnos *más* que nuestros padres (lo que sí es posible), sino que nadie podrá ofrecernos un amor como ése: natural, incondicional y eterno. Ésta es una pérdida que habrá que llorar, pero que no debe preocuparnos demasiado. El amor incondicional es fundamental para los niños, para que fortalezcan su autoestima y su confianza. Para los adultos, la pretensión de un amor como ése puede ser más bien un lastre, pues responde a la expectativa de no tener que lidiar con las consecuencias que, sobre los que nos aman, tienen nuestras acciones. Quizá en compensación por la pérdida de la posibilidad de *ser amados* incondicionalmente, nos es dado *amar* sin condiciones: a nuestros propios hijos.

Por último, la muerte de los padres, puede crear alguna desorientación en cuanto a la propia identidad. Tengamos en cuenta que fueron ellos quienes nos dieron el nombre que llevamos. Nuestro nombre dice, quizá sin que nos demos cuenta: "Yo soy hijo de alguien, estoy conectado a una familia, tengo mis ancestros, soy parte de un linaje". Pero esta desorientación inicial puede dar lugar a una enorme posibilidad: la de reinventarnos, la de seguir construyéndonos a nosotros mismos moldeando la herencia que recibimos. Quizá sea en estos momentos en que podamos darnos cuenta de que nuestro apellido y nuestro linaje no son sólo algo que hemos heredado, sino algo que también nosotros aportaremos para afirmarlo o modificarlo y luego, quizá, transmitirlo.

Hay quienes, basados en todos estos cambios, sostienen que la "verdadera adultez" comienza tras la muerte de los padres. No estoy del todo de acuerdo, pero sí creo que, de algún modo, la orfandad empuja a seguir un camino de madurez, pues como adultos tendremos que aceptar que todas aquellas funciones ejercidas por nuestros padres están ahora a cargo nuestro.

Recordar, añorar, llorar, compartir, serán algunos de los modos en que se irá atravesando el dolor de haberlos perdido. Sin embargo, lo más importante que nos habrán dejado nuestros padres será lo que permanezca en nosotros. En ningún lugar mejor que en nosotros mismos los encontraremos. Cuando seamos huérfanos, deberemos emprender la tarea de mirar hacia dentro, para encontrar allí aquello que nos han legado y que continúa viviendo en nosotros. Qué modos de actuar, de pensar, de hablar, hemos heredado. Qué gustos compartimos y qué nuevas cosas, que quizá antes nos resultaban indiferentes, nos atraen ahora, pues de un modo algo nostálgico nos hacen evocar a alguno de nuestros padres.

Recuerdo a una paciente que, luego de emprender un largo y postergado duelo por la muerte de su madre, se encontró un día habiendo dedicado varias horas a arreglar las plantas de su jardín. Y, entonces, recordó de pronto cómo su madre solía ocuparse con afán de las muchas flores del balcón de su casa. Me comentó luego que en ese momento se había sentido cerca de ella y que, desde ese día, la sensación opresiva que sentía desde mucho tiempo atrás había cedido. Será de crucial importancia para aquellos cuyos padres han muerto conocer esos lugares donde pueden encontrarlos y, al hacerlo, encontrarse a sí mismos.

FUENTES Y LECTURAS RECOMENDADAS

"Una pintura optimista" es una reescritura propia de un cuento tradicional zen. Está basado sobre la historieta que sobre él mismo realizara Tsai Chih Chung en su libro *El zen habla*.

El ritual de los aborígenes de Madagascar está descrito por Alexander Levy, en su libro *El adulto huérfano*.

Tsai Chih Chung, *El zen habla*, Sudamericana, Buenos Aires, 1999.
Alexander Levy, *El adulto huérfano*, Atlántida, Buenos Aires, 2001.

Problemas de familia

Ellos están preocupados por uno de sus hijos. Lo ven extraño y aleja-do. Temen que esté teniendo dificultades y que no las esté compar-tiendo con ellos. Cuando le preguntan qué le ocurre, el muchacho contesta que todo anda bien. Oscilan entre la angustia y el enojo frente al silencio de su hijo, pero reconocen que muchas veces ellos se han comportado del mismo modo.

GUILLERMO Y NATALIA:

Con la pequeña anécdota que les contaré sucede lo que con todas las buenas historias: pasan de boca en boca (o como en este caso, de lectura en lectura). Su protagonista es Milton Erickson, uno de los pioneros de la terapia estratégica sistémica y de la programa-ción neurolingüística. Éste se la contó al terapeuta Jay Haley quien la narra en su libro *Terapia no convencional*. Allí la leyó John Brad-shaw, un autor estadunidense que ha escrito bastante sobre rela-ciones familiares, y la reprodujo en su libro *Creando amor*, donde yo la encontré. Ésta es la historia:

Sucedió que un día, Robert, de tres años de edad, el más pequeño de los hijos de Erickson, tropezó bajando las escaleras y cayó haciéndose una buena cortada en el labio. Al instante el niño se incorporó y comenzó a llorar y gritar, dolorido y asustado. Erickson corrió a ayudarlo y vio que sangraba profusamente, entonces dijo algo así como:

–Ésta es una herida muy fea, Robert, es una herida horrible —hizo una pausa y luego continuó—: Ahora nos ocuparemos de tu herida.

El niño continuaba llorando y mirando sus manos y el piso, cubiertos de sangre.

–Tú quieres que deje de doler —dijo Erickson y el niño asintió—. Está saliendo una buena cantidad de sangre. Creo que debemos ver si es roja y espesa como debiera. Mírala, ¿lo es?, yo pienso que sí.

Luego Erickson llevó a su hijo hasta el fregadero y mientras le lavaba la cara le pidió que inspeccionara si la sangre se ponía de un buen color rosado al mezclarse con el agua. Una vez hecho esto y con Robert más calmado, Erickson revisó el labio del niño haciéndole saber que lo hacía para cerciorarse de que se estaba hinchando "adecuadamente". Por último, se abordó la cuestión de la sutura de la herida.

–Creo que tendrás que recibir algunas puntadas, Robert —dijo Erickson con seriedad—, pero dudo que sean más de las que tú puedes contar. Seguramente serán menos que las doce que recibió tu hermano Allen cuando lo de la bicicleta y quizá más que las tres que recibió Carol en navidad.

Puede parecernos muy difícil tener la templanza para manejar una situación como la del pequeño Robert de la manera en que Erickson lo hizo pero, más allá de eso, creo que podemos obtener de esta anécdota algunas claves interesantes para pensar cómo manejar los "problemas" en una familia.

Una de las características de las familias que funcionan de manera adecuada es, justamente, que pueden enfrentar los problemas. Tanto aquellos provenientes del "afuera", como aquellos que ocurren en el seno de la familia. En este sentido podemos decir que son familias que *valen la pena*: valen la pena o el dolor que generan, es valioso penar por ellas y constituyen un lugar donde es posible penar. Porque, aceptémoslo: problemas y penas siempre habrá.

En la actualidad, se escucha muy a menudo eso de que la familia es un sistema. ¿Qué quiere decir eso? Sencillamente que la familia es un todo que no es igual a la suma de sus partes, porque incluye también las interacciones entre esas partes. Así, todo lo que afecte a uno de sus integrantes, por fuerza afectará a los otros. Y eso significa una cosa: problemas. Problemas ocasionados por los cambios de lugar que vienen con el crecimiento, problemas por los intereses encontrados de sus miembros, problemas por los encuentros con el mundo que los rodea. Situaciones que una familia deberá estar preparada para enfrentar. No existe una familia en la que todo sea armonía. Ése es un ideal que no sólo es falso sino que es dañino, porque favorece la negación, el rechazo y el ocultamiento de las dificultades y, en consecuencia, nos aleja de la posibilidad de hacer algo al respecto. Las familias que "funcionan bien" no son aquellas que carecen de problemas, sino aquellas que desarrollan las capacidades para lidiar con ellos.

Ésa, creo, es la principal enseñanza que podemos extraer de la historia de Erickson. Cuando corre a ayudar a su hijo no lo hace diciéndole (como seguramente haríamos todos): "Tranquilo, no ha pasado nada, todo está bien". ¡¿No ha pasado nada?! ¡¿Todo está bien?! Si pudiéramos escuchar los pensamientos del niño en ese momento, probablemente serían algo así como: "Me acabo de caer de cabeza desde la escalera, me duele muchísimo la cara, estoy cubierto de sangre ¡¿y éste me dice que no ha pasado nada?!". Sin duda el niño estaría muy confundido. Lejos de esto, lo primero que Erickson le dice es: "Ésta es una herida muy fea". Como explica acertadamente el propio Erickson: "Mi hijo supo en ese momento que yo sabía de lo que estaba hablando y, de allí en adelante, pudo escucharme". Todo lo que Erickson hace a continuación está orientado del mismo modo. Le pide a su hijo que mire la sangre y se fije si es "buena", se cerciora de que el labio se hincha "adecuadamente", le hace saber a su hijo que a sus hermanos también les ha ocurrido. Es como si, de alguna manera, le dijese: "Tienes una herida, debe sangrar, debe hincharse. Es bueno que así sea. Todos hemos sufrido heridas, mayores o menores. Son dolorosas, pero no hay que ignorarlas, hay que ocuparse de ellas". Esto es lo maravilloso de esta historia: nos muestra que la forma de tratar con los dolores, las dificultades y los enojos en una familia no es intentando minimizarlos o ignorarlos, sino por el contrario, reconociendo su existencia y la pena que generan.

Cuando intentamos calmar los problemas de nuestros seres queridos diciendo "aquí no ha pasado nada" llevamos a aquel que está sufriendo a una situación de confusión: por un lado, tiene sus sentimientos que le dicen que algo anda mal; por otro, alguien a quien aprecia le dice que no pasa nada. Sólo le quedan dos salidas, ambas bastante problemáticas: o concluye que el otro no lo entiende y, en consecuencia, que no puede contar con él, o concluye que es él mismo quien está equivocado y que siente lo que no debería sentir. En el primer caso se deteriora el vínculo; en el segundo, se deteriora su propia imagen y la confianza en sí mismo.

Es claro que nada bueno puede obtenerse siguiendo alguno de estos dos caminos. Por ello, si alguien de la familia siente que existe un problema, debemos reconocerlo como tal aunque a nosotros no nos parezca para tanto o aunque creamos que no re-percute en nosotros. Como padres, debemos asumir la responsa-bilidad de generar dentro de nuestra familia un clima de apertura hacia el planteamiento de dificultades. Un buen modo de hacer esto es predicando con el ejemplo. Y eso quiere decir una cosa: hablar de los propios sentimientos y problemas. Si no hablamos y compartimos lo que nos ocurre. ¿cómo esperamos transmitir a los demás la idea de que es posible hablar de sus dificultades? Si tus hijos te ven llorando o enfadado y cuando te preguntan "¿qué te ocurre?", contestas "nada, nada, ve a jugar", de seguro irán com-prendiendo que las cosas malas es mejor callarlas. Es cierto que hay cuestiones que no son para discutir con ellos, pero en esos casos habrá que explicarse: "cosas entre tu madre y yo" o "cosas del trabajo que no entenderías". Cualquier respuesta es mejor que un confuso "nada" que deja al niño pensando que o su padre está loco, o él ve visiones.

Por otro lado, debemos estar abiertos y receptivos a las difi-cultades que están padeciendo los otros integrantes de la familia, aun cuando lo que vayamos a escuchar no nos agrade del todo. Como padres, debemos ser capaces de escuchar los reclamos de nuestros hijos hacia nosotros, aunque los encontremos injustos. Tendríamos que prestar atención a sus planteamientos respecto del mundo que les toca vivir, aunque los hallemos equivocados. Nada de "no me vengas con problemas que ya tengo los míos". Recuerda: sus problemas son tus problemas, lo quieras o no. De modo que más vale que te ocupes de ellos si no quieres que te aplasten más tarde. Si cuando un niño expresa o demuestra al-gún conflicto, los padres reaccionamos con fastidio, menosprecio, decepción o enojo, lo que probablemente produciremos es que la próxima vez no nos cuente nada. Jacques Salome escribió un libro cuyo maravilloso título puede servirnos como frase orientadora en nuestra función de padres; el libro se llama: *Háblame... tengo cosas que decirte.*

Cuando nuestros hijos o nuestra pareja muestren su dolor o descontento, no intentemos cerrar la herida tan rápidamente y pongamos cuidado en no dedicarnos a asignar culpas y responsabilidades. Ésa es nuestra inclinación natural; encontrar lo más pronto posible una solución y brindarla en bandeja. Pero, creo, debemos resistir esta tentación. Muchas veces, no es una solución lo que el que sufre necesita, sino comprensión, consuelo y acompañamiento. Es difícil tolerar el dolor de aquellos a los que amamos, pero si nos precipitamos en un intento de "arreglar las cosas" estaremos atendiendo más nuestra propia angustia que la de quien tiene el problema. Busquemos mejor entender de dónde proviene el dolor del otro. Sigamos el ejemplo de Milton Erickson y hagamos el esfuerzo de decir: "Ésta es una herida muy fea, imagino tu dolor. Ven, ocupémonos de ella, examinémosla juntos. Limpiaremos la herida, sólo después podremos suturarla".

Por último, una sugerencia que es, a mi juicio, la más importante de todas: hazle tener a tu familia la certeza de que el amor no está en juego. Ellos deben saber, deben estar absolutamente seguros, de que no importa cuál sea el problema, no importa cuál la dificultad, no importa lo furioso que te pongas, ni cuánta tristeza te cause; tu amor no está en duda. Ningún problema podrá hacer que dejes de amarlos. ¿Cómo podemos esperar que nos confíen sus problemas si temen perder nuestro amor? Lo repito una vez más, sólo para quedarme tranquilo: haz que tu familia sepa que tu amor no está en juego. Como dice la hermosa frase de Goethe: "Da más fuerza saberse amado que saberse fuerte".

John Bradshaw nació en Houston, Estados Unidos, en 1933. Es autor de varios libros que han tenido gran repercusión en el mundo de la autoayuda y la psicología positiva. Entre ellos están: *Crear amor, Sanar la vergüenza que nos domina, Secretos de familia* y *Volver a casa*. Ha profundizado particularmente en el campo de las familias disfuncionales y es uno de los pioneros en el trabajo sobre el concepto del "niño interior". Bradshaw brega en su propia experiencia (nació en el seno de una familia problemática, fue hijo de un padre alcohólico y él mismo transitó por el alcoholismo) para hablarnos con profundidad y agudeza sobre las heridas que pueden dejar los vínculos tempranos y sobre cómo es posible sanarlas.

Johann Wolfgang von Goethe (Alemania, 1749-1832) fue un verdadero hombre universal, desempeñándose con soltura tanto en el campo del arte como en el de la ciencia. En el primero, es más conocido por ser el autor de *Fausto*, obra dramática que recrea el tema del pacto con el demonio. En el segundo, se destacan sus estudios sobre morfología animal y vegetal, que fueron una de las bases para los desarrollos posteriores de Charles Darwin.

John Bradshaw, *Crear amor*, Los Libros del Comienzo, Madrid, 1995.

—, *Sanar la vergüenza que nos domina*, Obelisco, Barcelona, 2004.

—, *Secretos de familia*, Obelisco, Barcelona, 2007.

—, *Volver a casa*, Los Libros del Comienzo, Madrid, 2006.

Johann Wolfgang von Goethe, *Fausto*, Océano, México, 2002.

Construir un puente

Ella y su hermana están distanciadas. Hablan por teléfono ocasionalmente, la mayoría de las veces para arreglar cuestiones relativas al cuidado de sus padres. Según ella, su hermana es injusta y egoísta. Cuando se ven, se tratan con cordialidad y lejanía, y ella vuelve a su casa sintiendo un agudo dolor en la garganta.

JULIA:

Hace ya bastante tiempo (tendría yo cerca de diez años), mientras miraba unas viejas fotografías, descubrí que mi abuelo tenía un hermano. Me sorprendió, pues yo jamás lo había visto ni había oído hablar de él hasta aquel momento. Este tío abuelo estaba sano y bien, no era ése el problema; lo que ocurría era que él y mi abuelo se habían peleado hacía mucho tiempo (antes de que yo naciese, me dijeron) y desde entonces no se veían ni se hablaban. ¡Más de diez años enemistado con su propio hermano! Mi mente de niño no podía comprender aquello. ¿Qué podía ser tan terrible como para que dos hermanos se comportasen, aun diez años después, como si el otro no existiese? Decidí entonces preguntarle a mi abuelo por la causa de aquella pelea. La respuesta que recibí tuvo en mí un efecto devastador: "Ya no lo recuerdo", dijo. Estaba peleado con su único hermano al punto de no hablarse desde hacía años... ¡y ni siquiera recordaba por qué!

Comprendo hoy que quizá aquella respuesta fuese una evasiva, un modo de no tener que explicarle a un niño cosas harto complejas. Sin embargo, el modo en que lo dijo, el tono de su voz y el hecho de que nunca en todos estos años yo hubiese llegado a saber qué fue lo que ocurrió entre ellos, me llevan a creer que ese "ya no lo recuerdo" encerraba también una gran parte de verdad. Seguramente mi abuelo hubiera podido citar algún enfrentamiento con su hermano, alguna discusión y hasta una traición, pero ninguno de estos episodios hubiesen sido suficientes para justificar ese distanciamiento feroz. La verdadera causa, el motivo real de su alejamiento, creo, ambos lo ignoraban. Había pasado ya demasiada agua sobre el puente, había demasiado camino que desandar para encontrar las raíces de su desencuentro. Lo que más los distanciaba era la misma distancia que se habían impuesto y que había ido creciendo hasta volverse insalvable.

Me atrevo a pensar que si sus nietos le hubieran preguntado a mi tío abuelo por aquella pelea, tampoco él habría podido responder. No se trataba de que mi abuelo o su hermano no pudiesen explicar qué era lo que los separaba, sino que era por fuerza una cuestión inexplicable, indecible. Entiéndaseme: si alguno de los dos hubiese podido decir algo al respecto, si alguno de los dos hubiese podido explicar lo que había ocurrido, si, en suma, alguno hubiese podido hablar de ello, de seguro el desencuentro no hubiese avanzado tanto como para convertirse en el abismo que acabó siendo. Mi abuelo no podía *hablarme* de ello simplemente porque nunca había podido *hablar* de ello. Y eso era, precisamente, lo que hacía que la situación perdurase y se profundizase en el tiempo.

Te cuento esta anécdota porque la creo muy representativa de lo que ocurre a menudo con los distanciamientos entre hermanos.

En algunas ocasiones, la distancia llega al punto extremo de la disolución de todo vínculo; en otras, la relación se mantiene, pero estando aquejada constantemente por la desconfianza, el recelo y la envidia. Es cierto que en algunos pocos casos ha existido un episodio de tal magnitud (como el uso de la violencia física) que puede llegar a justificar la disolución de un vínculo fraterno. Sin embargo, éstos son la minoría y quedan fuera de lo que diré aquí. En la gran mayoría de los casos las raíces del malestar se nutren de antiguos resentimientos. Enfados, decepciones y dolores que se cargan a través de los años y se hacen cada vez más inaccesibles. Y en todos estos casos la pérdida o el deterioro del lazo afectivo con un hermano son en extremo dolorosos para ambos.

El vínculo de fraternidad es único e irreemplazable por varias razones. La primera de ellas es que nuestros hermanos son testigos privilegiados de nuestra historia, han estado allí desde el comienzo (o casi) y seguramente han atravesado con nosotros momentos de suma importancia. Distanciarse de un hermano implica alejarse de una parte significativa de nosotros mismos. La segunda razón quizá sea aún más importante: la relación con un hermano es el primer modelo que tenemos en la vida de una relación entre pares. Es con nuestros hermanos con quienes aprendemos a vincularnos con otros. Es con ellos con quienes formamos nuestros modos de compartir, de competir, de ayudarnos, de defendernos y de cooperar. Sin duda, la forma en que nos relacionamos de niños con nuestros hermanos influye en gran medida en el modo en que entablaremos luego otras relaciones con pares. Creo que por ese carácter primordial, incluso en la vida adulta, las relaciones con nuestros hermanos moldean nuestros lazos con los demás y por eso debemos nutrirlas especialmente. Por último, el lazo entre hermanos es importante por una razón evidente: tenemos el mismo origen. La palabra hermano proviene del latín *germen* que significa retoño, brote. Los hermanos somos brotes del mismo árbol y si bien en el mejor de los casos llegará el día en que maduremos y lo abandonemos, ese origen común nos une. Sin tanta vuelta: tenemos los mismos padres.

Y quizá no debería sorprendernos que lo que une a los hermanos sea lo mismo que los separa. La inmensa mayoría de las disputas entre hermanos está relacionada directa o indirectamente con el lugar que cada uno ocupó, ocupa o quisiera ocupar para sus padres. No es casualidad que muchas rencillas entre hermanos estallen al fallecer uno o ambos progenitores y que, a la hora del "reparto", se desaten las peleas por la herencia en cualquiera de sus formas: dinero, posesiones, recuerdos (aunque quizá se trate a fin de cuentas tan sólo del amor).

En este sentido es importante que, como adultos, dejemos de lado aquella creencia infantil de que "a los hijos se les quiere a todos por igual". No es cierto. Los padres no quieren a todos sus hijos por igual. Atención: no estoy diciendo que se quiera a uno más que a otro, sino que se les quiere de manera distinta. Se esperan, disfrutan, valoran y aman cosas distintas de cada uno de ellos. Si comprendemos esto, quizá podamos empezar a reconciliarnos con nuestros hermanos, a dejar de pelear con ellos por el lugar que cada uno tuvo en la "novela familiar".

No siempre es posible, sin embargo, reconocer aquello por lo que "verdaderamente" se está peleando y los rencores continúan refiriéndose a las más diversas anécdotas y comentarios pasajeros. Aun así, si tenemos la convicción de que, más allá de los motivos que nos separan, perder un vínculo fraterno es un precio demasiado alto, podremos comenzar a construir un puente sobre el abismo que puede ser la distancia entre hermanos.

Por supuesto, para construir un puente es necesario antes haber tomado conciencia de que sólo así será posible llegar al otro lado. Esto quiere decir, para el caso de las relaciones distantes entre hermanos, dejar de esperar que la cosa se solucione simplemente porque "somos familia". Aun las relaciones más cercanas, ya sea entre padres e hijos o entre los propios hermanos requieren de nuestro cuidado. Requieren que pongamos de nuestra parte para mantenerlas saludables. El hecho de fincarse sobre un vínculo sanguíneo no las hace menos vulnerables. Mantener y reconstruir un nexo son tareas activas que requieren nuestra participación; si esperamos que las cosas sucedan solas, nos alejaremos cada vez más uno de otro.

Una vez que hemos comprendido la necesidad de construir un puente, el siguiente paso consiste en poner la tarea a nuestro cargo. Decidir que seremos nosotros quienes nos ocuparemos de ello. Imagino que, llegados a este punto, quizá querrías objetar: "¡Un momento, somos dos en este pleito! ¿Por qué he de ser yo el que se tome todo el trabajo? ¡Que sea él quien construya el maldito puente, o cuando menos los dos! ¿Por qué he de ser siempre yo?". Respuesta: porque eres tú quien está leyendo este libro. Y eso supone un deseo y con él (como siempre) una responsabilidad. El orgullo es aquí un mal consejero.

Si nos decidimos a construir el puente debemos hacer ahora un reconocimiento del terreno. Inspeccionar el abismo que nos separa. ¿Cuán grande es? ¿Desde cuándo se ha venido ensanchando? ¿Qué episodios recuerdo en los que me he sentido molesto o furioso? ¿Qué eventos me han seguido rondando en la cabeza? En ocasiones acudirá a nuestra mente un único y gran acontecimiento; en otras, una serie de pequeños fastidios, pero que se repiten siempre del mismo modo. Tener en cuenta esto es importante para planificar nuestro puente.

El próximo paso consiste en establecer el punto de partida de nuestro puente que, en este caso, no es otro que nosotros mismos.

Se trata de ver dónde estamos parados respecto de la relación y esto implica hacernos una pregunta muy importante: ¿cómo me siento respecto de mi hermano o hermana en aquellas ocasiones en las que entramos en conflicto o cuando pienso en la distancia que nos separa? ¿Siento celos? ¿Envidia? ¿Me siento decepcionado? ¿Rechazado? ¿Traicionado? ¿Traidor? Es necesario tratar de ser muy honesto con uno mismo al contestarse estas preguntas (aunque los sentimientos que hallemos sean impopulares) porque el distanciamiento responde a estas sensaciones dolorosas. Debemos identificarlas y aceptarlas si nos proponemos reconstruir un vínculo de fraternidad.

Del mismo modo, debo examinar también el punto de llegada de mi puente. Si no sé hacia dónde quiero ir, difícilmente puedo construir un camino hasta allí. El punto de llegada es, obviamente, mi hermano o hermana y mis preguntas deben dirigirse de nuevo hacia los sentimientos. ¿Qué creo que siente él o ella? Claro está que la respuesta a esta pregunta es más difícil que las del punto anterior, pues jamás podré *saber* qué siente el otro, pero aun así es importante ubicar qué es lo que yo *creo* que le ocurre. Debemos hacer aquí un esfuerzo para no responder desde nuestro propio enojo ("él no siente nada, es que no le importa, lo único que le interesa es el dinero..." y cosas por el estilo).

Una vez que tenemos el punto de partida y un punto de llegada, lo siguiente es hacer algún contacto entre ambos. Esta unión no será lo suficientemente fuerte como para poder cruzar por allí, pero servirá de "base" para el puente definitivo. En los puentes antiguos lo que se hacía era arrojar una soga atada a un peso hasta el otro lado, donde alguien la recogía y aseguraba. Sobre esta soga que conectaba un lado con otro se iba construyendo el puente. Nosotros debemos también establecer algún contacto con nuestro hermano, tirar alguna soga que nos una y que nos permita, en algún momento, sentarnos a hablar sobre lo que nos sucede. El modo de hacer esto depende de cada uno, desde decir directamente "me gustaría que hablemos" hasta coincidir en alguna ocasión y mostrarse menos distante. Este pequeño contacto permitirá el siguiente punto.

Llegamos ahora al nudo del asunto. Al puente propiamente dicho. Y éste es, claro está, un puente de palabras. Hay que hablar, no hay otro modo. Pero cuidado, no se trata de hablar de cualquier manera. Se trata de hablar de lo que uno siente. De comunicar justamente aquellas sensaciones que descubrimos antes, tanto de las propias como de las que suponemos en el otro. Lo que de ordinario hacemos cuando discutimos es acusar, pasar facturas, reprochar. Nada de eso sirve más que para profundizar nuestra distancia. Y entonces… ¿cómo se hace para hablar? Hay una regla muy sencilla que en ocasiones puede ser de gran ayuda; es la siguiente: está prohibido usar frases que comiencen con la palabra TÚ, todas deben comenzar con la palabra YO. Te pondré un ejemplo. Supongamos que uno de los dos dice: "TÚ me atacas", el otro seguramente contestará "No es cierto", a lo que sigue "Sí lo es", "No", "¡Sí!", "¡¡No!!". Es evidente que todo esto no conduce a mucho. Otra cosa sería si dijéramos: "YO me siento atacado". Quizá entonces el otro podría responder: "También YO me siento atacado", y entonces, tal vez, se abriría un lugar para que ambos nos preguntemos qué ocurre *entre* nosotros que hace que cada uno se sienta atacado por el otro. Es ese *entre* al que debemos apuntar; si nos la pasamos señalándonos uno al otro con el dedo difícilmente llegaremos a encontrarlo. Una aclaración: no vale la trampa de decir "YO siento que TÚ me atacas"; eso es sólo un modo refinado de reprochar. Habla de ti, sé honesto; te sorprenderás de cómo tu apertura genera la del otro.

Por si te has quedado con curiosidad respecto de mi abuelo te cuento que, hasta donde sé, nunca se "reconcilió" con su hermano.

Sin embargo, a últimas fechas lo he escuchado en varias oportunidades decir frases como "mi hermano tal cosa" o "con mi hermano tal otra". Me agrada pensar que, de algún modo, al menos ha decidido que vuelva a formar parte de su historia. Y eso es ya un acercamiento.

Del amor como sacrificio

Él es judío y ella, católica. Ambos están muy enamorados y desean casarse. Para él la religión es algo muy importante y le ha pedido a ella que, para que puedan contraer matrimonio y luego tener hijos, se convierta al judaísmo. Ella no está segura. No es una católica devota pero algo no la convence. No obstante piensa que si lo ama verdaderamente, y así lo siente, debería hacerlo. Él dice sinceramente que él lo haría por ella si la situación fuese al revés.

GABRIELA Y DAVID:

Hace algunos años, cuando todavía me encontraba realizando mi formación como médico psiquiatra, dicté junto con otros dos profesionales varios talleres para adolescentes destinados a la prevención de enfermedades de transmisión sexual y del embarazo no deseado. Fue en el curso de esos talleres cuando, a raíz de la pregunta de una muchacha, supe de una práctica relativamente frecuente entre los jóvenes de Buenos Aires que, por un lado, me preocupó y, por otro, me pareció una clara muestra de la idea que muchas veces tenemos de lo que es el amor...

Sucedió que hablábamos sobre los modos de transmisión del VIH cuando una jovencita (no tendría más de quince años) preguntó si era posible contraer el virus con un apretón de manos y dado el caso que las dos personas tuvieran una herida sangrante en la palma de la mano. Le explicamos que, si bien la transmisión del virus por esta vía podría ser posible, era un tanto improbable, pues para que ello ocurriese sería necesario que la sangre de uno entrase a la circulación del otro y eso era dificultoso en heridas como aquéllas. Sin embargo, el tono de su pregunta nos hizo sospechar algo más y quisimos saber el porqué de su duda. La muchacha contó entonces que muchos jóvenes solían inflingirse heridas en las manos para luego estrecharlas en lo que llamaban un "pacto de sangre", como muestra de amistad o amor incondicional. Lo impactante era que el ritual se sostenía sobre la creencia de que, mediante esa práctica, *sí* contraerían el virus si uno de los dos lo portaba. La posible transmisión del VIH no era una consecuencia indeseada del ritual sino, precisamente, el sentido del mismo. Lo que los jóvenes buscaban expresar de esta manera era: "Te quiero tanto que, si tienes VIH, también yo quiero tenerlo". Ésa era, para ellos, la máxima expresión del amor.

Aquel día pasamos el tiempo que restaba del taller hablando con los muchachos sobre sus ideas respecto del amor y la confianza. Descubrimos que a la hora de tener relaciones sexuales, en muchas ocasiones la propuesta de usar un preservativo era considerada como un signo de desconfianza o desamor. "Si quieres cuidarte es porque andas metido en algo raro o porque no confías en mí"; vale decir: "si te cuidas es que no me quieres de veras". Ese día comprendimos la importancia de revisar junto con los adolescentes sus concepciones sobre el amor, la amistad y el compromiso si queríamos infundir en ellos una sexualidad responsable. Asimismo, yo me di cuenta de lo peligroso que puede resultar para nuestra salud mental e incluso física entender erróneamente lo que significa amar.

Quizá ustedes también se horroricen frente a la posibilidad de que, en nombre del amor, los jóvenes acaben haciendo cosas que resulten dañinas para sí mismos o se permitan manifestar exigencias que terminan bordeando la crueldad y la extorsión. Pero de ningún modo deberíamos sorprendernos ni, mucho menos, considerar que este tipo de conductas son exclusivas de la adolescencia. Si bien es cierto que el ejemplo que les conté es un tanto extremo (como lo son muchas cosas durante esa etapa de la vida), no es más que la manifestación adolescente de una idea del amor, la cual está muy extendida y profundamente arraigada en nuestra cultura.

Detrás de este tipo de actitudes está, por supuesto, la concepción de que el amor implica sacrificio. Y no hablo aquí sólo del amor de pareja o romántico, sino del amor en general. Del amor entre padres e hijos, del amor entre amigos y, también, del amor hacia el resto del mundo. Hablo de eso que en general llamamos "querer". Y lo que considero en verdad tóxico es la idea de que el afecto se mide según qué tanto está uno dispuesto a sacrificar por el otro.

Creo que muchas veces no dimensionamos hasta qué punto esta creencia está impregnada en nuestra cultura occidental y cómo nos influye sin que nos demos cuenta. Es sabido el papel fundamental que el sacrificio tiene para el credo cristiano, tan dominante en nuestro sistema de creencias colectivo (el sacrificio de Jesús está en el centro mismo de la doctrina cristiana). Pero incluso antes del cristianismo, en el Viejo Testamento de la Biblia, puede encontrarse una visión similar. El ejemplo más claro quizá lo encontremos en la historia de Abraham. Dios le pide a Abraham que lleve a su único hijo, Isaac, al monte, y que allí lo sacrifique, en nombre de su creador. Abraham, que cree que su amor a Dios lo obliga a ello, se dispone a cumplir lo encomendado. Sólo en el último momento, cuando ya ha desenfundado el cuchillo con que piensa matar a su propio hijo, Dios lo detiene para comunicarle que ha pasado la prueba: tiene fe y amor *verdaderos* por Dios. A decir verdad, el mensaje que transmite esta historia me parece bastante nefasto: "sólo amas si estás dispuesto a entregar lo más preciado, a destruirte a ti mismo si ese amor lo requiriese".

En la cultura moderna tampoco faltan historias que muestren cuán arraigado está el sacrificio en nuestra concepción del amor. El renovado interés por las leyendas vampíricas es, en mi opinión, una manifestación del recrudecimiento de esta ideología. Por eso los vampiros modernos no son ya aquellos seres monstruosos y aborrecibles de las películas en blanco y negro que inspiraban temor y rechazo, sino, por el contrario, seres apuestos y seductores que despiertan en sus víctimas un deseo que persiste aun cuando éstas conocen el peligro al que se exponen. Los mitos vampíricos nos hablan de eso: de un amor que lleva en sí mismo la semilla de la destrucción, de un deseo que nos empuja a ser consumidos, de la irresistible urgencia de entregarnos a aquel que se alimentará de nuestra esencia vital, de un beso que, al tiempo que nos colma de placer, nos extrae la vida.

El sacrificio no toma siempre formas tan extremas como las que he comentado hasta aquí. Hay muchos otros modos más sutiles y harto más frecuentes del sacrificio en nombre del querer. En nuestra vida cotidiana podemos reconocer dos modos privilegiados (por su frecuencia y aún más porque ambos gozan de cierta "aceptación" en la sociedad) en los que esta creencia se manifiesta en los vínculos entre las personas: al primero podríamos llamarlo "prueba de amor" y al segundo, "promesa de cambio". Existen por supuesto múltiples variaciones en magnitud, temática y presentación, pero me parece que en general siempre podemos observar uno de estos dos patrones. Ambos pueden presentarse espontáneamente, como un intento por querer "demostrarle" al otro nuestro amor (como los jóvenes que realizan el "pacto de sangre"), o cediendo a una demanda del otro (como Abraham frente a Dios) para evitar una confrontación o para retenerlo.

La primera de estas modalidades, la "prueba de amor", está relacionada con el *hacer*. El principio que la rige podría formularse básicamente así: "quien en verdad quiere, está dispuesto a hacer cualquier cosa por el ser querido". La historia de Abraham y la de los jóvenes que cito al comienzo pertenecen a esta categoría; sin embargo, las acciones que se convierten en pruebas de amor en ocasiones pueden ser tan sencillas como acompañar al otro en una salida:

–Oye, ¿me acompañas a una fiesta en casa de mi primo?

–No, gracias, no me dan ganas.

–Venga, hazlo por mí.

–No, en verdad, esta vez paso.

–Pues eres un mal amigo.

¿Qué significa esto? ¿Que si no hago lo que a ti te place, no te quiero? Quizá así expresado parezca ridículo, pero hay muchos vínculos que están sostenidos exclusivamente sobre la base de "complacer al otro". Tanto así que, en ocasiones, ni siquiera es necesario que uno de los dos formule un pedido. Ambos tratan secretamente de agradar al otro, aun a costa de ir en contra de sí mismos, convencidos de que si dan lugar a sus propios deseos están faltando al amor que prodigan.

Las "pruebas de amor", grandes o pequeñas, no conducen a un lazo firme, sino a una relación de exigencias y rivalidades. Por eso debemos cuidarnos de aquellos que pretenden juzgarnos según sus propios estándares y decirnos qué es lo que sentimos. "Si no haces tal cosa es que no me quieres", suelen decir. "Hazme el favor de no decirme qué es lo que yo siento", me entran ganas de

responder. "Yo te quiero. Puede que no te guste mi modo de querer, pero ésa es otra cuestión."

El otro de estos modos de vinculación, el de la "promesa de
cambio", está más relacionado con el *ser*. Creo que está aún más
extendido que el anterior, pues de alguna manera parece más ino-
cente: "esconde" mejor el hecho de que también se trata de un sacrificio. La idea sobre la que se basa sería algo así como: "quien de
verdad quiere, está dispuesto a ser como el ser querido quiere que
sea". Como ven, en realidad el concepto es paralelo al de la "prueba
de amor", sólo que en este caso el sacrificio está en tener que ser de
determinada manera y no como en el caso anterior, en hacer algo
específico por el otro. En la vida cotidiana esto se presenta de un
modo que, como dije, parece inofensivo y hasta moralmente correcto. Para ilustrar esto, retomo el ejemplo que les presenté antes:

–Oye, ¿me acompañas a una fiesta en casa de mi primo?

–Te lo agradezco, pero no me siento cómodo con extraños.

–Eres demasiado tímido, así no podremos ser amigos.

–Pero yo te aprecio mucho; te prometo que cambiaré.

–Bien... Una sola pregunta, ¿cuánto tiempo crees que te
llevará?

Ambos se comportan movidos por las "buenas intenciones".
Uno, porque intenta conservar el vínculo aunque algo del otro no
le agrada; el otro, porque se propone "mejorar". Por desgracia, más
allá de las intenciones, una relación construida sobre la condición
de que alguno de los dos cambie está destinada al fracaso. ¿Por
qué? Pues porque "cambiar" implica dejar de ser quien uno es; implica, como decía antes, un sacrificio de mi ser. ¿Pero es que uno
no puede querer crecer, mejorar?, me dirán. Por supuesto, pero basado en un deseo propio; no por una exigencia que viene de fuera
o por no perder el amor de otro. A ver si puedo adivinar la siguiente pregunta que me harían: ¿no es posible que el aspecto que el

otro quiere que cambie coincida con algo que yo también deseo cambiar? Sí, claro que es posible, pero en general me parece que ése es un modo de justificar que lo que en verdad quiero es no perder su amor. Quiero decir: no hay ningún problema en el hecho de que alguien que me quiere me señale algo que le desagrada de mí, y tampoco con que me sugiera que me conduzca de tal o cual manera. Puedo muy bien responder: "Lo intentaré" o "seré cuidadoso con ello" o "es algo que me resulta difícil, pero estoy trabajando en ello". Pero si determinado rasgo mío le resulta al otro *insoportable*, si realmente *no puede* tener un vínculo conmigo si yo continúo siendo de tal o cual modo, tendremos que empezar a pensar seriamente que esa relación puede ser insostenible. O aceptamos al otro como es y pensamos en cómo lidiar con lo que no me gusta de él o aceptamos que ese vínculo no es posible; pero conservarlo para andar repitiendo una y otra vez "tienes que ser más de tal modo" o "menos de tal otro", es condenarnos a que o tú o yo terminemos sacrificando parte de quienes somos.

Ya sea bajo la premisa de la "prueba de amor" o de la "promesa de cambio", el sacrificio en nombre del amor conduce inevitablemente a dos circunstancias que a la larga terminan por deteriorar tanto el vínculo que tenemos con el otro como el que tenemos con nosotros mismos. En primer lugar, este "ir en contra de uno mismo" genera resentimiento. Aun cuando hayamos sido nosotros mismos quienes nos hayamos ofrendado sin que medie "presión" por parte del otro (aún más si la hubo) acabaremos resentidos con él o ella, porque sabremos en nuestro fuero interno que fue por no traicionar a ese otro que acabamos traicionándonos a nosotros mismos. Al cabo, ese resentimiento terminará expresándose en alguna forma de maltrato.

La otra consecuencia del sacrificio en aras del amor es que aun cuando esto funcione y logremos retener al otro, lo haremos a costa de nuestra autenticidad. Así, no será nuestro verdadero yo quien obtenga el tan preciado amor, sino ese otro de quien nos hemos disfrazado para conseguirlo. Pero además, en el proceso iremos perdiendo contacto con lo que auténticamente somos y deseamos, hasta tal punto que cada vez nos resultará más difícil poder identificarlo y acabaremos sintiéndonos perdidos, confusos y debilitados.

Por lo tanto, para querer a los demás de una manera sana, primero tengo que serme fiel a mí mismo. Conviene alimentar aquellos amores que me empujan a ser cada vez más yo y hacer a un lado la tentación de traicionarme para obtener el amor de los otros. Quizá, en el camino, algunos vínculos se pierdan o cambien de forma. Enhorabuena: eran relaciones que en todo caso ya estaban perdidas (aunque no lo supiéramos) o que necesitaban ser reformuladas (aunque no quisiéramos aceptarlo).

La parábola de Abraham e Isaac se narra en el libro del Génesis, en el capítulo 22. La historia, a decir verdad, no deja demasiado bien parado a Dios. En su defensa podríamos decir que Abraham contaba ya con cien años cuando nació Isaac y que Dios le había concedido tener un hijo sólo después de que Abraham le rogara por ello durante largo tiempo. Es posible que Abraham se hubiera puesto algo pesado por demás y que Dios quisiera tomarse luego una pequeña revancha. De hecho, hay quienes sostienen que esta parábola representa el primer chiste en la historia de la humanidad: es una broma que le juega Dios a Abraham: "¡Abraham, hombre! ¡¿No pensaste que en verdad iba a pedirte que mataras a tu hijo o sí?!". Algunos apuntan al nombre del niño como confirmación de esta lectura, pues Isaac significa justamente: risa. De todos modos, como broma, me parece un poco subida de tono... pero quizá sea sólo yo: nunca me han gustado las inocentadas.

En su libro *De la obsesión al deseo*, el psicoanalista argentino Hugo Dvoskin sugiere una interesante lectura de esta parábola a partir de la premisa de pensarla como un sueño del propio Abraham. Tomando algunos elementos de los que Dvoskin propone podríamos pensar que, en efecto, Dios está probando a Abraham, pero que éste, lejos de superar la prueba, la falla estrepitosamente. Me gusta pensar que lo que Dios está esperando no es que Abraham lo obedezca ciegamente sino, por el contrario, que le haga frente, que se rebele aun ante su creador y le diga algo como: "Tú me has dado a Isaac pero ahora es *mi* hijo y no lo entregaré. No tendré lealtad alguna hacia un Dios que es capaz de pedir cosas como ésta". Imagino a Dios estupefacto viendo a Abraham dispuesto a llevar a cabo la orden sin vacilar. Lo imagino esperando hasta el último momento para dar posibilidades a Abraham de retractarse y, al comprobar que eso no sucede, deteniéndolo al fin, decepcionado. Este Dios, un Dios que no pida obediencia ciega sino que espere de sus "hijos" que puedan disentir de él y autorizarse a decir su verdad, es un Dios en el que me gustaría creer.

Hugo Dvoskin, *De la obsesión al deseo*, Letra Viva, Buenos Aires, 2001.

DEL AMOR COMO SACRIFICIO

Negociaciones, acuerdos y renuncias

Ellos han construido su relación bajo la premisa: "La pareja debe ser: una por ti y una por mí". Desde que están juntos han intentado vivir de acuerdo con ello. Pero ambos sienten que el otro no hace su parte. Uno considera que los arreglos a los que llegan son injustos, el otro dice que es él quien siempre sale perdiendo.

JUAN Y TOMÁS:

Los desacuerdos son una parte inevitable de las relaciones humanas. Es insensato esperar que tengamos siempre la misma opinión o las mismas preferencias. Por eso, si queremos tener una relación saludable con los demás, tendremos que aprender a lidiar con los desacuerdos. Una de las formas que más solemos utilizar para resolverlos es la negociación.

La postura de los profesionales de la salud mental respecto de las negociaciones en las relaciones afectivas ha ido cambiando a lo largo del tiempo. En un comienzo, cuando el énfasis de la psicología estaba puesto en lo intrapsíquico y apenas se comenzaba a tener en cuenta los problemas que podía acarrear al individuo la represión de sus emociones, toda negociación en el campo de lo afectivo aparecía como peligrosa para éste.

En un segundo momento, cuando las relaciones con nuestros semejantes tomaron mayor protagonismo en lo que se consideraba estar mentalmente sanos y comenzamos a entender la importancia de los vínculos afectivos para nuestro bienestar personal, la negociación se convirtió en una habilidad que había que desarrollar y ejercitar con frecuencia. Se transformó entonces en la respuesta casi universal frente a cualquier tipo de conflicto interpersonal.

Luego, como suele suceder, se llegó a un punto intermedio en el que negociar era aconsejable sólo en algunas situaciones y, en general, se tomó la postura de que la negociación era un "último recurso": sólo debía negociarse lo imprescindible, lo que no podía acordarse de otros modos.

No creo que ninguna de estas posturas sea aplicable a todos los casos, a todas las relaciones y a todas las personas. Sin embargo, si tuviese que elegir una de las tres en función de formular una regla general, me inclinaría por la primera: aquella que considera que toda negociación entraña un peligro. No porque descrea de la importancia de las relaciones interpersonales en nuestro camino hacia la plenitud como personas, sino porque considero que la negociación, como modo habitual de resolver las diferencias, acaba por deteriorar las relaciones afectivas.

Para explicarles mi postura, quizá debería detenerme un momento para aclarar qué se entiende por negociación. Una negociación es una especie de intercambio en la resolución de un conflicto: "yo te doy esto y tú me das aquello". Hay, desde luego, muchas otras formas de resolver un conflicto o desacuerdo entre dos personas, las cuales mencionaré más adelante, pero creo que habría que reservar el término negociación para designar este tipo específico de acuerdo. Para poner un ejemplo sencillo pero frecuente, digamos que tú y yo planeamos ir juntos al cine a ver una película. Yo quiero ir a ver el último estreno policiaco repleto de disparos y explosiones y tú quieres ir a ver esa cinta francesa que tanto han recomendado en la sección cultural. ¿Qué hacemos? Pues muy sencillo: tú me acompañas hoy a ver la de acción y yo te acompaño la siguiente vez a ver la dichosa francesita. A primera vista parece una forma bastante sensata, razonable y "civilizada" de resolver un desacuerdo. Sin embargo, sin darnos cuenta hemos entrado en un campo minado de dificultades.

Para empezar, ya hemos establecido dos bandos: tú estás de un lado y yo del otro. Hoy yo gano y tú pierdes, y la próxima, yo pierdo para que tú ganes. Ésta es la base de la negociación: ceder en partes iguales. Este modo de resolver un conflicto puede funcionar bastante bien en otros ámbitos: por ejemplo, entre vendedor y comprador en el campo comercial; entre patrón y empleado en el laboral; o bien entre países o grupos. Pero en una relación de amistad, de pareja, de familia, ¿no se supone que estamos del mismo lado? Si quisiésemos hacer un paralelo con el ámbito comercial, la relación a la que nuestros vínculos afectivos debieran parecerse más es la de una sociedad, no a la de un trato de compra-venta. Y si dentro de una sociedad tenemos que empezar a negociar, estemos seguros de que esa sociedad está en crisis. Del mismo modo, cuando intentamos resolver nuestros conflictos con aquellos a los que queremos por medio de la negociación lo que conseguimos es, justamente, separarnos. Nos transformamos en rivales cuando deberíamos ser socios: aun cuando la negociación sea exitosa, es decir, que consigamos un acuerdo respecto a qué es lo que cederá cada una de las partes, quedaremos enfrentados.

Otro problema de la negociación surge del hecho de que, como dije, está basada sobre la idea de la igualdad; de que debemos repartir en forma igualitaria tanto las cosas buenas como las malas. Pero ¿quién decide con qué vara se mide esa igualdad? Supongamos que tú te aburriste muchísimo con la película de acción y, en cambio, yo acabé disfrutando de la que tú habías elegido. ¿Qué debemos hacer? ¿Tendríamos que compensarte o más bien yo debería decir: "¡A llorar a la iglesia! Más suerte para la próxima negociación"? Quizá este ejemplo les suene un tanto ridículo, pero les aseguro que es espeluznante la cantidad de tiempo y energía que puede consumirse cuando nos dedicamos a discutir qué es lo que te corresponde darme a cambio de lo que yo te daré. Seguramente todos hemos escuchado o sido partícipes de discusiones como la que sigue:

–El domingo vamos a casa de mi madre.

–¡No! Ya fuimos la semana pasada.

–Pero el miércoles estuvimos toda la noche con tu hermana.

–Eso es diferente, era el cumpleaños de la prima Pepita.

–Cuenta de todos modos.

–No cuenta porque cuando fue el aniversario del tío Osvaldo…

Y así podemos seguir eternamente, cada uno poniendo en la balanza su propio argumento buscando ese frágil equilibrio en el que ninguno de los dos se sienta estafado. Por demás está decir que no funciona, que nunca la cuenta da exacta y lo más notable y complicado es que ambos "lados" están convencidos de que han cedido más que el otro. Es sorprendente, pero se escucha con frecuencia que en una pareja, hablando del mismo asunto ella dice: "hacemos siempre lo que él quiere" y él dice: "hacemos siempre lo que ella quiere". ¿Cómo es posible? ¿Alguno de los dos miente? Pues no. Lo que sucede es que se manejan con la negociación, y como ésta implica que cada uno "ceda un poco", ambos tienen la sensación de que han cedido o, aún peor, han perdido siempre.

Llegamos así al mayor problema que, a mi juicio, genera el manejarse mediante negociaciones: abre la puerta a los sentimientos de rencor hacia el otro. Si yo creo que he cedido más que tú (y

NEGOCIACIONES, ACUERDOS Y RENUNCIAS

como dije, casi siempre ambas partes lo creen así) tarde o temprano te haré "pagar" lo que te he dado. Tarde o temprano te lo echaré en cara, te recriminaré o te forzaré a que tú también cedas. Esto sucede porque la negociación crea una obligación posterior, es decir, alguno de los dos (o los dos) quedan en deuda. Y así, sin darnos cuenta, comenzamos a llevar largas listas en las que figura todo lo que hemos hecho por el otro y lo que el otro no ha hecho por nosotros. Sumamos y restamos favores, agravios, presencias y ausencias. Nos la pasamos haciendo "balance" y, según el resultado, nos sentimos con derecho a exigir que se haga nuestra voluntad o forzados a aceptar la del otro. Frente a cada nuevo desacuerdo sacamos nuestras listas y pasamos revista a todas las deudas pasadas. Nos perdemos entonces en discusiones repetitivas y tediosas: "Porque yo hice tal y cual cosa por ti y tú no eres capaz de...", "Porque yo te perdoné aquella vez que *bla bla bla* entonces ahora tú tienes que...". De ninguna manera. Me niego a aceptar convertirme en un "contador" del afecto. Me niego a tratar el amor como una mercancía de intercambio.

Quizá hayan notado que la mayoría de los ejemplos que propongo remedan una situación de pareja. Me disculpo, pues no creo que la negociación esté ausente en otros vínculos afectivos. Sin embargo, sí creo que es en el seno de la relación de pareja donde "negociamos" con mayor frecuencia y donde pactar nos genera mayores inconvenientes. Y es así por una buena razón: la pareja es un vínculo de exclusividad. Amigos se puede tener muchos; familiares también; pareja, una sola. Al menos si de parejas tradicionales hablamos. La exclusividad crea un problema, pues entonces "es contigo o no es con nadie". De este modo se genera una especie de obligación de compartir, lo que nos fuerza a tener que negociar. Si somos amigos y yo deseo ver una película que a ti no te agrada, entonces iré con otro amigo y tú no te sentirás molesto en lo más mínimo. En cambio, si pensamos ir al cine *en pareja*, estaremos forzados a acordar sobre qué película elegiremos, pues es probable que no podamos decidir ir con alguien más sin que nuestra pareja se moleste un poco.

La exclusividad trae problemas. Por eso creo que cada pareja tendrá que decidir qué ámbitos de su vida compartida son exclusivos y cuáles no. Recomiendo que sean los menos posibles. Aceptemos que hay cosas de nuestra pareja que él o ella preferirán compartir con otros y que eso no es, en modo alguno, un desamor. Si queremos construir relaciones más sanas, debemos comprender que, no importa cuán estrecho sea el vínculo que nos une, no importa si la otra parte es mi esposa, mi marido, mi hijo o mi madre, tiene derecho a tener lugares, historias y actividades que no me incluyen. Vale decir, tiene derecho a tener su intimidad. No sólo eso, sino que es mi deber (si lo/la quiero de verdad) no traspasar esos límites, no invadir esos espacios ni enojarme porque no desee compartirlos conmigo. Por supuesto, esto implica que yo también tenga derecho a mi intimidad y pueda exigir que no se la vulnere. No tengo por qué contar todo lo que mi pareja quiere escuchar, ni compartir todo lo que hago, ni mucho menos tolerar que ésta se comporte como un detective frente a ningún aspecto de mi vida. Existe un ideal cultural que reza que "si te amo te contaré todo"; me parece que suscribirse a esta creencia es profundamente perjudicial porque todos necesitamos espacio personal y si no hay intimidad, lo que comenzará a haber serán secretos y mentiras. Es cierto que la exclusividad en algunos aspectos como la sexualidad, la convivencia y la familia, está en la definición misma de lo que es una pareja pero, en todos los demás casos, es siempre cuestionable.

Quizá ustedes se pregunten: ¿y qué sucede con los desacuerdos en estos ámbitos?, ¿qué hay de los conflictos en actividades

NEGOCIACIONES, ACUERDOS Y RENUNCIAS

o proyectos que son por fuerza exclusivos? ¿Qué hacemos si, por ejemplo, yo quiero vivir en casa y tú en departamento? Si negociar trae tantos problemas... ¿de qué otros modos se puede resolver un conflicto? Excelente pregunta. A mi entender, hay otros tres modos de resolución para un conflicto dentro de un vínculo afectivo. Estos tres modos son: el acuerdo, la renuncia y el desacuerdo.

Llegar a un acuerdo probablemente sea la más deseable de las opciones, aunque no siempre es posible. Acordar es bien distinto de negociar, pues no implica aceptar condiciones intermedias, sino encontrar una tercera opción que satisfaga a ambos. Volviendo al ejemplo de las películas, la cuestión es bastante sencilla: si a ti no te gusta la de acción y a mí no me gusta el filme francés, entonces vayamos a ver una comedia.

A menudo creemos que una discusión tiene sólo dos polos: blanco y negro, y olvidamos que hay muchas más opciones. Debemos tener cuidado aquí de no pensar que la salida consiste en encontrar un gris: eso sería volver a la negociación; repartimos por partes iguales, pero seguimos pensando linealmente. Hablo de que la solución, en ocasiones, es un naranja, un violeta o un amarillo con lunares verdes. Existe una expresión en inglés que ilustra muy bien este modo de pensar más allá de las alternativas que resultan evidentes; textualmente se traduciría como "pensar fuera de la caja" ("think outside the box"). Para encontrar una solución que nos satisfaga a ambos, debemos proponernos pensar de modo creativo; y es que la mayoría de las veces un arreglo de esta índole necesita ser creado específicamente de acuerdo con las necesidades de cada situación.

Como dije, no siempre es posible acordar, pues no siempre existe esa tercera opción o conseguimos producirla. Supongamos, por ejemplo, que ninguna otra película nos agrada o que en el complejo de cines donde nos hallamos no hay más que la película

de acción y la francesa. ¿Qué podemos hacer entonces? Pues bien,
si queremos evitar las incomodidades de la negociación, pero aun
queremos ir juntos al cine, uno de los dos tendrá que renunciar. Es
decir, o yo te acompaño a ver la película que elegiste y renuncio a
ver la mía o tú me acompañas a ver la mía y renuncias a la tuya.
Y quizá me digas: ¡pero eso es lo mismo que la negociación! No lo
es. La diferencia está en que si yo renuncio, no te genero ninguna
obligación para conmigo. Yo elijo renunciar, tú no me debes nada.
No se vale decir la próxima vez que vayamos al cine: "¡Ah! Ahora
elijo yo porque la vez pasada elegiste tú". No señor, pues eso sí sería volver a una negociación.

Cuando uno renuncia, renuncia. No lo anota en su lista para
reclamarlo más adelante. Si uno siente que no puede renunciar a
su preferencia sin creerse por ello en posición de acreedor, entonces lo mejor que puede hacer es no renunciar. Tendrá que buscar
otras opciones, pero cualquiera es preferible a una negociación
disfrazada de renuncia.

Existen ocasiones en las que no se puede acordar (no hay una
opción satisfactoria para ambos) y ninguno de los dos puede renunciar verdaderamente (sin pasar la factura más tarde). En estas
ocasiones habrá que aceptar que estamos en desacuerdo. Que esa
actividad o decisión no la podremos compartir.

Volviendo al ejemplo del cine: tú irás a ver la película francesa y yo iré a ver la de acción. Y no es necesario enojarse por esto.
Si comprendemos que el desacuerdo es un desenlace normal de
un conflicto, todavía podremos decir: "Diviértete, te encuentro a
la salida para cenar". Que no compartamos algunas cosas no qui-
ta que podamos compartir otras. Pero si nos enojamos por no encontrar un acuerdo o porque el otro no renuncia, entonces sí nos
perderemos de compartir lo que teníamos en común.

Hay algunas pocas cuestiones que son tan importantes en la

relación de pareja que si no llegamos a tener un acuerdo con respecto a ellas, quizá eso conduzca a la disolución del vínculo. Un buen ejemplo podría ser la decisión de tener o no tener hijos, pues una y otra cosa entrañan proyectos de vida muy distintos; por lo tanto, resulta difícil aceptar la voluntad del otro sin traicionarse demasiado a uno mismo. Pero estos casos son los menos y en la mayoría de las ocasiones un descuerdo no implica una ruptura ni un debilitamiento del vínculo. Todo lo contrario; la capacidad de mantener un descuerdo amigable habla muy bien de esa relación.

TERCERA PARTE

Yo y el mundo

La sombra del apego

Él es comerciante. Durante mucho tiempo su negocio funcionó muy bien. Sin embargo, en el último año las ventas han decaído y ya no le es posible mantener el nivel de vida que él y su familia han llevado desde hace años. Él alterna sus emociones entre la rabia, la frustración y la vergüenza.

FEDERICO:

Las personas solemos dedicar una gran cantidad de tiempo y esfuerzo a la tarea de acumular. Acumulamos dinero, posesiones, aplausos, poder... y, en ocasiones, hasta personas. Corremos para aquí y para allá, saltamos o hacemos malabarismos, parecemos capaces de pagar cualquier precio con tal de tener: tener éxito, tener dinero, tener a alguien. Tener nos obsesiona, nos preocupa y nos angustia: "¿qué debo hacer para tener aquello?"... "¿es suficiente lo que tengo?"... "debo tener más"... "¡¿y si pierdo lo que tengo?!"... No sólo queremos tener, sino que, además, creemos que cuanto más tengamos, mejor.

Toda esta búsqueda conduce a dos situaciones nefastas. En primer lugar, la gran cantidad de tiempo que gastamos en correr detrás de las cosas no nos deja margen para vivir (¡ni siquiera para disfrutar de esas precisas cosas!). Y, en segundo término, aun si nos diéramos algún tiempo para el disfrute, lo viviremos intranquilos a causa del miedo de perder algo de lo que hemos conseguido.

En ocasiones, nos ocupamos tanto de cuidar nuestras posesiones que pareciera que son las cosas las que nos tienen. El escritor argentino Julio Cortázar escribió en su "Preámbulo a las instrucciones para dar cuerda a un reloj" que cuando te obsequian un reloj, no sólo te dan sólo el reloj, sino también la necesidad de darle cuerda todos los días, la preocupación de perderlo, la tendencia a compararlo con otros relojes. Cortázar acaba diciendo que el regalado eres tú, que a ti te ofrecen para el cumpleaños del reloj. Vivimos con la idea de que tener más abre nuestras posibilidades pero, si no somos cuidadosos, podemos terminar presos de nuestras posesiones.

Cuando anhelamos poseer algo que no tenemos, ya sea material, espiritual o emocional, nos invade pronto una sensación, más o menos definida, de insatisfacción. Entonces, tendemos de manera natural a intentar procurarnos aquello que deseamos, a conseguir que las cosas sean como nos gustaría que fueran. No nos percatamos de que hay otra forma de mitigar ese sentimiento de insatisfacción: intentar ajustar nuestro deseo a la realidad (en lugar de lo contario).

¿Significa esto que tendríamos que dejar de desear? Muchos filósofos orientales dirían que sí, mientras que algunos psicoanalistas opinarían que eso sería una catástrofe. Teniendo en cuenta ambas posturas, podríamos decir que nada hay de malo en desear, si podemos perder la urgencia de tener *ya* lo que deseamos y en moderar la exigencia de que esto sea *tal cual* lo imaginábamos. El deseo nos moviliza para ir en una dirección, pero querer tener todo y/o ahora se parece más a la ansiedad que al deseo sano.

En ocasiones, buscamos "tener" porque la idea misma nos da cierta seguridad. Frente a la vulnerabilidad de la vida, frente a lo imprevisible de los acontecimientos, pensar que nuestras posesiones suplirán cualquier imprevisto nos da tranquilidad. Pero lo cierto es que nada puede darnos la certeza de que no tendremos problemas; y cuando éstos se presentan, rara vez son tan lineales como para que "sacar de la reserva" (de dinero, de afecto o de orgullo) solucione la dificultad.

Cuando deseamos algo, creo que tendríamos que preguntarnos: ¿qué es lo que quiero en verdad? Seguramente descubriremos que lo que en realidad buscamos es una *sensación*. Perseguimos la sensación que suponemos que tendremos cuando obtengamos tal o cual cosa. Identificar esa sensación (de seguridad, aceptación, reconocimiento, placer, calidez...) puede abrirnos un panorama mucho más amplio, porque entonces comienza a ser posible encontrar nuevos caminos y nuevas opciones para alcanzarla. Los objetos de nuestras ambiciones dejan de ser únicos e irreemplazables; con ello viene, por supuesto, un gran alivio (pues se debilita nuestra dependencia de esos objetos).

Dije más arriba que uno de los problemas inherentes al afán de tener consiste en que, una vez conseguido lo que ambicionábamos, viviremos con miedo a perderlo. Aquí también tendremos que trabajar para volvernos menos dependientes de nuestras posesiones. Para ello, creo que no existe otra salida que aceptar que, por más importantes que éstas sean, por más que las amemos profundamente, no son indispensables. Perder dinero o poder, perder el afecto de alguien, perder reconocimiento u orgullo, es doloroso, pero debemos saber que no nos va la vida en ello.

La película *La venganza del Sith*, tercer episodio de la saga de *La guerra de las galaxias*, cuenta la historia de cómo un impetuoso caballero Jedi llamado Anakin Skywalker se convierte en Darth Vader, ese ser malvado, consagrado a expandir el poder del Lado Oscuro. Anakin, a quien su carácter pasional ya le ha traído algunos problemas, comienza a sufrir pesadillas en las que ve a su esposa, Padme, al borde de la muerte. Anakin interpreta estas visiones como premonitorias y teme por la vida de su mujer. Busca entonces el consejo del maestro Yoda, quien no sabe qué es exactamente lo que el joven Jedi teme, pero con gran sabiduría le dice: "Debes entrenarte en dejar ir todo aquello que temes perder". Sin embargo, Anakin no puede escuchar este consejo y orienta toda su vida a evitar que sus miedos se vuelvan realidad. Ya ha perdido antes a su madre y no dejará que una pena similar vuelva a ocurrirle... Está dispuesto a pagar cualquier precio. Así es cómo, en la búsqueda por incrementar su poder lo suficiente como para llegar a dominar incluso a la muerte, comete actos que van en contra de aquellos que lo aman y de todo lo que ha aprendido hasta allí. Así, no sólo se vuelve él mismo un ser oscuro y maligno, sino que termina ocasionando justamente aquello que quería evitar: su esposa muere al dar a luz, muere de tristeza al ver aquello en lo que él se ha convertido.

Si la principal preocupación de nuestra vida consiste en evitar las pérdidas, si estamos dispuestos a traicionar todo en lo que verdaderamente creemos para tener o seguir teniendo, nos convertiremos nosotros también en personas oscuras y viles, y hasta es posible que acabemos causando aquello que con tanta desesperación queríamos evitar.

El "Preámbulo a las instrucciones para dar cuerda al reloj" forma parte del libro *Historias de cronopios y de famas*, de Julio Cortázar. Es un libro particular y bellísimo, compuesto por una serie de textos cortos: disparatados, emotivos, irónicos o ingenuos, entre los que, de seguro, encontrarás alguno que recordarás largo tiempo, como a mí me sucedió con este "Preámbulo", con el "Aplastamiento de las gotas" o con el "Discurso del oso". Hace tiempo tuve —y perdí— una grabación en la que Cortázar leía algunos textos: todavía puedo escuchar su voz inconfundible (Cortázar arrastraba mucho la r) hablando de ese oso que se desliza feliz por los caños de la casa.

La venganza del Sith, de George Lucas, es el episodio III de la saga de *La guerra de las galaxias*. Para aquellos que no conocen la saga, vale aclarar que consiste en dos trilogías: la primera (episodios IV, V y VI) que nos cuenta la historia de Luke Skywalker y fue filmada alrededor de 1980, y la segunda (episodios I, II y III) que va hacia atrás en el tiempo para contarnos las historia del padre de Luke, Anakin Skywalker, y se filmó entre 1999 y 2005. A mi juicio, si alguien se dispone a ver la saga completa, la disfrutará más y le hará más sentido si ve las películas en orden de filmación y no en orden cronológico. Esto es: ver primero la trilogía original y luego la segunda trilogía. Como yo lo entiendo, la segunda trilogía no deja de ser un gran "flashback" que nos explica, nos hace conocer detalles y apreciar más ciertas cuestiones de la primera trilogía, pero que no tiene demasiado sentido sin ella.

Julio Cortázar, *Historias de cronopios y de famas*, Alfaguara, Madrid, 1996.

Aprender a fracasar

Él es actor. Se ha presentado en muchas audiciones y ha consegui-
do algunos papeles menores, pero todavía ninguno que haga que su
carrera "despegue". Por eso, en los últimos tiempos se pregunta si no
debería dedicarse a otra cosa. Se cuestiona si en verdad tiene talen-
to para la actuación.

CRISTIAN:

Algunos años atrás vi una publicidad de una conocida marca de
indumentaria deportiva que he recordado desde entonces. En ella,
se ve a Michael Jordan (seguramente el mejor jugador de baloncesto de la historia) caminando con lentitud por un corredor apenas
iluminado. Viste de traje, usa lentes oscuros y se le nota abatido.
Mientras avanza, se escucha su voz que pausadamente dice: "He
fallado más de nueve mil tiros a la canastilla en mi carrera, he perdido más de trescientos partidos, en veintiséis ocasiones me confiaron el tiro que definiría el partido y fallé... He fallado una, y otra,
y otra vez en mi vida. Y por eso... es que triunfo".

Dos cosas me impactaron de aquella publicidad. En primer
lugar, allí estaba un hombre a quien se podría considerar el arquetipo del éxito en su actividad, sin duda uno de los deportistas más

admirados por toda una generación; y la cantidad de ocasiones en las que había fallado ¡era abrumadora! Todas y cada una de esas veces tuvo que haber pasado por la experiencia de la frustración, todas y cada una de esas veces las cosas no habían salido como él lo hubiera deseado. Pero aún más importante, al final del spot se decía: "*por ello*, triunfo". No era "a pesar de" haber fallado tantas veces que él triunfaba, sino, justamente "por eso". Eran esas experiencias (no las otras, más alegres) las que lo habían convertido en lo que era.

Fallar, ser rechazados, errar, fracasar, son los distintos nombres que le ponemos a la experiencia de que las cosas no hayan resultado como habíamos pensado o deseado. Y pasar por esas experiencias es inevitable. Sólo un necio puede creer que siempre conseguirá lo que persigue, que siempre acertará, que podrá vivir sin tener que sufrir alguna frustración. Pero aun si pudiésemos evitar el fracaso... ¿sería deseable? Sostengo que no. Creo que, si queremos triunfar (en el sentido de alcanzar aquello que deseamos), tendremos que pasar muchas veces por el fracaso, no sólo porque no podremos evitarlo, sino porque esos errores, esas frustraciones nos permiten aprender lo que necesitamos para movernos hacia lo que anhelamos.

Para decirlo con una imagen que nos es familiar: para aprender a caminar hay que tolerar algunos tropiezos. La única manera de evitar el riesgo de caerse es... seguir gateando. ¿Es obligatorio aprender a caminar? Por supuesto que no; gatear no tiene nada de malo, de hecho podríamos argumentar que es mucho más seguro (¡el piso está tan cerca!). El problema radica en que si no aprendes a caminar, tus posibilidades se restringen; el mundo que puedes alcanzar gateando es mucho más pequeño que aquel al que tienes acceso cuando puedes movilizarte con mayor libertad. Si deseas expandir las fronteras de tu vida, tendrás que correr el riesgo de ponerte de pie, intentarlo y saber que tarde o temprano te darás algún golpe.

Lo mismo puede aplicarse a todos nuestros progresos: la única forma de no cometer errores es no decidir; el único modo de no fallar es no intentar nada nuevo. Puedo hacerlo, pero el precio que debo pagar será el empobrecimiento de mi mundo, la disminución de mis posibilidades. El crecimiento se nutre de los intentos y de las fallas. Por supuesto que aun cuando comprendamos lo inevitable y hasta lo necesario de transitar por esos fracasos, éstos no dejan de dolernos. No ser elegido para un trabajo, la ruptura o el rechazo de una pareja, el no conseguir un honor, una calificación o un premio, son todas vivencias dolorosas. Y lo son, en mayor o menor medida, porque frustran nuestras expectativas. En ocasiones, la perspectiva de fallar, o la simple anticipación del fracaso, nos produce tanto malestar que preferimos (dándonos cuenta o no) retirarnos y renunciar a nuestros deseos. Creo que en estas oportunidades deberíamos preguntarnos: ¿qué creo que ocurriría si no lo logro?

Hay muchas respuestas posibles, pues cada uno de nosotros tiene sus ansiedades particulares y sus personalísimas escenas temidas... pero también existen algunas creencias más generales que rondan con frecuencia la idea del fracaso. Entre ellas están los pensamientos catastróficos como: "nunca más conseguiré un empleo", "nadie me elegirá", "todo estará perdido". Es decir: si *fracasé* entonces, *siempre fracasaré*. Esta generalización proviene de suponer (equivocadamente) que todas las personas desean lo mismo, que todos los trabajos requieren de las mismas aptitudes y, además, que no es posible aprender. Este tipo de pensamiento sólo conduce a la autocompasión, desde donde es muy difícil avanzar hacia el futuro.

Otra creencia que suele contribuir a nuestro temor a fallar es la de que si *fracasé,* entonces *soy un fracasado.* Trasladamos algo referido a una situación y lo aplicamos a todo nuestro ser, con lo que terminamos sintiéndonos avergonzados de nosotros mismos. La vergüenza es un sentimiento que está íntimamente ligado al fracaso, pues desde pequeños descubrimos que, cuando cometemos un error, rara vez somos elogiados por el intento, sino que en general nos sancionan por el resultado. Terminamos así creyendo que deberíamos "hacer las cosas bien" desde la primera vez y, al errar, nos sentimos inadecuados o débiles. Tanto el miedo al castigo como el recuerdo de la vergüenza pueden llevarnos de manera enfermiza a evitar toda posibilidad de fallar y, por ende, a la indecisión y la inacción. Complicándolo todo, la vergüenza puede impedirnos reconocer ante nosotros mismos o ante otros el error cometido y, en una previsible secuencia, negar un fracaso nos negará también las posibilidades de aprender de él.

Una vez más, debemos comprender que todos estos fracasos (los errores, los rechazos, la pérdida de oportunidades) son parte del proceso de crecimiento. Una frase que proviene del mundo de los negocios dice: "Cualquier cosa que vale la pena hacer, vale la pena hacerla mal". Las cosas que son suficientemente importantes como para que les dediquemos nuestro tiempo, también lo son como para que toleremos la frustración cuando no resulten como esperábamos; si tal es el caso, obtendremos a cambio la posibilidad de aprender. No se trata de que evites fracasar, sino de qué harás cuando fracases. A menudo, cuando conseguir la meta se vuelve nuestro único interés y olvidamos el proceso, los resultados suelen ir en la dirección contraria.

Cuentan que un joven aristócrata deseaba con fervor convertirse en espadachín. Le habían hablado de un gran maestro de esgrima y había recorrido todos los poblados de la región en su busca. Cuando al cabo lo encontró, en una humilde casucha, se arrodilló ante él y besó su mano.

–Maestro —le dijo—, te he estado buscando porque deseo ser un gran espadachín.

Ante el silencio del maestro, el joven prosiguió:

–Maestro, si estudio con dedicación, ¿cuánto tiempo me llevará convertirme en un espadachín?

El maestro pasó su mano por la cabellera gris que llevaba atada en una coleta, y luego dijo:

–Diez años, quizá.

El joven se decepcionó; no había pensado que pudiera ser tanto.

–Mi padre es anciano —dijo— y querría que él me viera una vez lo haya logrado. Si me esfuerzo mucho, ¿cuánto tiempo me llevaría?

–En ese caso —dijo el maestro— es probable que te lleve treinta años.

El joven estaba confundido, primero diez años, ahora treinta…

–Maestro, haré todo lo que digas; estoy dispuesto a todo, a sufrir cualquier tipo de privación, haré cualquier sacrificio, ¡lo único que deseo es ser espadachín!

–Entonces —dijo el maestro— deberás estudiar conmigo setenta años.

Ante la mirada incrédula del joven, el maestro de esgrima se levantó de su silla, lo acompañó hasta la puerta y dijo:

–Tú deseas ser espadachín. Cuando desees aprender esgrima, vuelve.

"De acuerdo, ya está bien, lo he comprendido: fracasar es inevitable." Algo así debes estar pensando. Tienes razón, disculpa que sea tan insistente. Es que es muy importante *aprender a fracasar*. Ahora sólo nos resta ver cómo *aprender del fracaso*.

Supongamos, por ejemplo, que me postulé para un cargo que deseaba y no lo conseguí (cosa que, dicho sea de paso, en efecto sucedió). Como dije antes, seguramente sienta alguna tristeza porque mi expectativa se vio frustrada. Comprendo que esto no significa que nunca conseguiré un empleo similar ni que no soy lo suficientemente capaz. Esto no hace que mi pesar desaparezca, pero sí me produce cierto alivio. Es parte de mi crecimiento; me digo: hay algo en esta situación que debo aprender. Pero ¿qué? y ¿cómo?

Estas preguntas son ineludibles si queremos transformar las experiencias de frustración en crecimiento. Muchas veces caemos en la simpleza de creer que basta con repetirnos "la próxima vez lo haré bien" para que los resultados sean los que esperamos. Nos decimos "no se tropieza dos veces con la misma piedra" y creemos que por fuerza, luego de cometer un error, si nos esforzamos bastante haremos las cosas bien. La mayoría de las veces ése no es el caso. Y es que aprender de los fracasos es un proceso activo. Debemos dedicar tiempo y trabajo para comprender qué sucedió y para diseñar luego una nueva manera de actuar. Una aclaración: no siempre lo que aprendamos de un fracaso será útil para "volver a intentarlo"; en ocasiones, el aprendizaje se aplica a un campo totalmente distinto.

En el proceso de aprender de nuestros fracasos hay algunas actitudes que pueden entorpecer nuestro avance y ante las que tenemos que estar atentos. Son respuestas defensivas, que si bien nos escudan del miedo y de la vergüenza, evitan que nos responsabilicemos de lo sucedido y, así, obstaculizan el aprendizaje. Por eso es importante reconocerlas y concientizarlas. Creo que podríamos englobarlas en cinco actitudes: la negación, el encubrimiento, el echar culpas, la furia y el desinterés.

Negar el fracaso es la reacción más extrema. Consiste en convencerse a uno mismo de que no hubo tal descalabro. Retomando el ejemplo en el que me informaban que no conseguí el empleo, estaría negando si me dijese: "De seguro han llamado a todos y les han dicho lo mismo, deben de estarlo considerándolo aún. En cualquier momento sonará el teléfono y me dirán que el puesto es mío". En este caso el argumento es un poco burdo, pero existen situaciones más sutiles, donde la negación puede ser tremendamente efectiva y muy peligrosa, pues lleva a que una conducta inadecuada se prolongue con consecuencias cada vez más desastrosas. Un comerciante que negara que su tienda ya no rinde como antes, podría terminar en la bancarrota; una pareja que negase tener dificultades en la comunicación, podría alejarse cada vez más.

Si en lugar de ocultarme el fracaso a mí mismo se lo ocultara a los demás, caería en la mentira o en el encubrimiento. Movido por la vergüenza, cuando alguien me preguntase por el empleo, podría decir: "Aún no me han contestado" o "decidieron quitar la vacante". Con una actitud semejante, estaré utilizando una gran cantidad de energía y de creatividad en urdir el complejo laberinto de mentiras necesarias para cubrir la mentira original, en lugar de ponerlas al servicio de mi aprendizaje. Además, la verdad oculta permanecerá dentro de mí, enquistándose y convirtiéndose en un secreto núcleo de vergüenza, cada vez más poderoso.

Cuando el fracaso es evidente, solemos usar otra estrategia: culpar a otro para no reconocer la propia falla. Yo podría decir por ejemplo: "Quienes me hicieron la entrevista no saben nada, son todos unos idiotas". Ya sea que esto fuese cierto o no, no me sería de gran ayuda. ¿En qué puede beneficiarme reconocer la equivocación de otros si nada puedo hacer yo al respecto? Señalar a los demás, acertada o equivocadamente, es un camino cerrado.

Si logramos admitir nuestro fracaso, tendremos que cuidarnos de dos reacciones opuestas: enojarnos con nosotros mismos o tomárnoslo demasiado a la ligera. Si yo, furioso, me dijese: "¡Cómo he podido perder ese empleo! He hecho todo mal ¡Soy un imbécil!", estaría impidiendo el aprendizaje. Esta clase de reproches proviene de la creencia de que "no debería haber fallado": detrás de nuestro enfado se esconde nuestra exigencia. Y en ocasiones, si escarbamos más a fondo, lo que encontramos es nuestra pedantería, aunque nos cueste aceptarlo: ¿cómo es posible que *yo* haya fallado? Aprender requiere siempre una cuota de humildad. En el otro extremo está el desinterés: "¡Bah! Me importa un bledo ese empleo. ¿Por qué no vamos a tomar unas cervezas?". Para evitar el dolor del fracaso le quitamos importancia al hecho, pero por supuesto que esto también hace que nos quedemos sin motivación alguna para acometer el trabajo de comprender y revisar la situación, la cual queda "suspendida" hasta que acontece otra similar.

Si logro evitar estas trampas, habré conseguido la no tan sencilla tarea de asumir la responsabilidad de mi fracaso. Esto implica que soy yo quien debe responder por la parte que me toca (no por más de esa parte pero tampoco por menos) y, en consecuencia, soy yo también quien está a cargo de crear nuevas respuestas para próximas situaciones. Entonces tendré que dedicar tiempo y esfuerzo a entender qué fue lo que ocurrió. En ocasiones, para ello es necesario hacer un pequeño trabajo de "detective": detenerse a pensar cómo encajan las distintas partes de lo sucedido, hablar con algunos de los involucrados y hacerles algunas preguntas. Atención: es importante hacerle saber a aquellos con los que hablemos que nuestra intención no es acusarlos, sino entender lo que nos sucedió. A veces obtener más información

APRENDER A FRACASAR

resulta doloroso o al menos incómodo, pues podemos descubrir "verdades" desagradables; pero justamente son éstas las que nos permitirán analizar en qué áreas de nuestra conducta tenemos que hacer ajustes.

Cuando creo tener una idea más o menos cabal de cómo llegué a esa situación que denominé fracaso, es hora de preguntarme: "Si hoy volviera a encontrarme en aquella circunstancia, ¿qué haría en forma distinta para ser coherente con mi nueva manera de entenderla?". A diferencia de la pregunta "¿qué hice mal?", la cual mira hacia el pasado y sólo lleva a regañarme por el error, este cuestionamiento mira hacia el futuro y puede ayudarme a crecer. El verdadero aprendizaje no está en el intento de cambiar un resultado, sino que es el fruto del crecimiento derivado del análisis de las propias acciones y sus consecuencias.

Fuentes y lecturas recomendadas

Por lo que he podido investigar, el comercial de Nike que comento aquí se llama, precisamente, "Fracaso" (*Failure*) y fue creado por la agencia Wieden & Kennedy.

"El espadachín adelantado" es un cuento tradicional. Lo leí por primera vez hace ya tiempo en un viejo libro que encontré en la biblioteca de mi abuelo y que se titulaba *Historias de todos los tiempos y todas las culturas*. Luego encontré muchas otras versiones de la misma historia, ambientadas en distintas culturas. La versión que presento aquí es propia.

Historias de todos los tiempos y todas las culturas, Forja, Providencia, 1965.

APRENDER A FRACASAR

Antídoto contra el miedo

Ella dejó su carrera de arquitectura al quedar embarazada y desde entonces se ha dedicado al hogar y a cuidar a su familia. Ahora siente la inquietud de retomar sus estudios, pero sabe que la suya es una carrera difícil y demandante. Ella se pregunta si será capaz de afrontar todas sus responsabilidades y si tiene sentido, pues no está segura de que pueda llegar a ejercer alguna vez.

Ana María:

Fernando Savater termina su libro *Ética para Amador*, una obra increíble de la que ya he hablado y en la que nos guía hacia una reflexión sobre la manera de vivir una "buena vida", con una palabra entre signos de admiración: ¡confianza!

Ya en el prólogo de ese libro (corran a comprarlo) le adelanta a su hijo, a quien se lo dirige, que todo lo que dirá en las páginas siguientes puede resumirse en ese solo consejo: ten confianza. ¿Confianza en qué? Pues en ti mismo. Y si Savater, un gran pensador que se mantiene siempre cerca de la vida cotidiana, comienza y termina el libro con ese único consejo, creo que habría que escucharlo.

¿Por qué es tan importante confiar en uno mismo? Supongo

que es posible dar múltiples respuestas a esta pregunta pero, en mi opinión, la confianza es esencial porque, digámoslo así, es un antídoto contra el miedo. El miedo es uno de los sentimientos que más nos dificultan construir una vida plena: nos aconseja no dar nuevos pasos, nos previene en contra de lo desconocido y nos mantiene encerrados en nuestra insatisfactoria (aunque segura) vida. La confianza en nosotros mismos puede ser una respuesta posible frente al miedo, una herramienta que nos permita ampliar nuestros horizontes y aventurarnos a ir más allá.

Cuentan que en un valle de Japón los soldados del general Ho se agrupaban en una colina mientras veían avanzar al ejército enemigo. Eran muchos más de los que esperaban, los doblaban en número y desde donde estaban podían ver ondear los estandartes y brillar las armaduras. Pese a ser grandes guerreros, el temor se apoderó de ellos: "jamás podremos vencerlos", "son demasiados", "es una locura", comentaban.

En ese momento el general Ho salió de su tienda de campaña vestido con su atuendo samurai, caminó entre sus tropas y viéndolas nerviosas, dijo:

–Sé lo que teméis, por eso le preguntaremos a los dioses por el destino de esta batalla.

Y diciendo esto elevó su brazo para mostrar en la punta de sus dedos una reluciente moneda de oro.

–¡Si cae cara ganaremos, si cae cruz, perderemos! —gritó.

Ho lanzó al aire la moneda y todas las miradas la siguieron hasta que cayó al suelo.

"¡Cara!", gritaron los soldados. "Tenemos el favor de los dioses", "¡Ganaremos!", comentaban. Así, confiados en el triunfo, se encaminaron a enfrentarse con el ejército enemigo y aun cuando eran

muy inferiores en número, batallaron por horas y finalmente los derrotaron.

Al regresar exhaustos pero triunfantes a su campamento, uno de los soldados le comentó a Ho:

–¡Ganamos! No es posible influir en los designios de los dioses.

–¿Tú crees? —dijo con ironía Ho mostrándole, sobre la palma de la mano, la moneda de oro. Luego la giró y el soldado pudo ver que la moneda tenía caras en ambos lados.

Allí donde el miedo nos empuja a retroceder, la confianza puede permitirnos enfrentar la situación y dar lo mejor de nosotros.

Cuando alguien no consigue confiar en sí mismo, algunas veces enfrenta el miedo de otra manera: profetizándose a sí mismo el fracaso para no decepcionarse después. Incurre así en un fenómeno que se conoce como la "profecía autocumplida". Acomete una tarea pensando una y otra vez "no podré, fallaré, no soy lo bastante bueno", y tanto piensa en esto, y tan poco se ocupa de lo que está haciendo, que al final efectivamente no puede. Así confirma todo lo que pensaba antes y refuerza el círculo. Por supuesto, siempre tiene el consuelo de decir: "¿Has visto? Te lo había dicho: no puedo". Pero si deseamos salir de este círculo, tendremos que estar dispuestos a correr un riesgo. No confiar en uno mismo es casi garantía de fracaso pero, por desgracia, no ocurre lo mismo a la inversa. Es decir, si bien es cierto que confiar en mí mismo aumenta las probabilidades de que las cosas resulten como deseo, debemos ser cuidadosos y no caer en la trampa de creer que la confianza nos asegura el éxito. No hay monto de confianza que me asegure un resultado. No creo que se pueda prometer que, como dice el proverbio "querer es poder" y que si confío lo suficiente en mí mismo, siempre obtendré lo que deseo. En mi opinión eso se parece más a la omnipotencia que a la confianza. Intentar algo nuevo implica siempre algún grado de inseguridad.

La confianza en mí mismo no es la vanidad ciega de creer que no puedo fallar, sino la disposición para enfrentar algún grado de incertidumbre y saber que puedo con ello. Sobre todo, saber que puedo con ello. Y es que la verdadera confianza radica en la certeza de que cualquiera que sea el resultado, yo podré afrontarlo, convencido de que no me derrumbaré si las cosas no salen como hubiese querido. Sentiré pena, sí; fastidio, tal vez; pero no me abandonaré por ello. Si logramos este tipo de confianza, podemos afrontar cualquier desafío que nos propongamos en la vida, pues sabremos que, en el peor de los casos, nos entristeceremos, pero eso no nos destruirá.

La confianza no es una virtud pasiva, ni una cualidad que se tiene o no se tiene, sino una que se construye y se ejercita. ¿Y cómo podemos desarrollar confianza en nosotros mismos? La respuesta a esta pregunta es más bien simple: para ganar confianza es necesario... hacer. Esto puede sonar paradójico porque muchas veces nos encontramos diciendo: "no puedo hacerlo, me falta confianza" o "no tengo la suficiente autoestima". Lo irónico es que atravesar por esas experiencias que evitamos es justamente lo que podría ayudarnos a generar mayor confianza y estima. Al retirarnos perdemos esa posibilidad. Parte del problema radica en creer que para hacer algo hace falta saber hacerlo bien desde antes, lo cual es, si no imposible, al menos bastante improbable. En general, aprendemos haciendo.

No es cierto que si las cosas salen como esperaba tendré mayor confianza en mí mismo y que de lo contrario la perderé. Si me aventuro, ganaré en confianza más allá del resultado. De este modo entramos en un círculo de retroalimentación positiva

ANTÍDOTO CONTRA EL MIEDO

(también llamado "círculo virtuoso") en el que cada vez que nos enfrentamos con determinada situación generamos una confianza que nos facilita enfrentar la próxima. Es el enfrentamiento de nuestros miedos, no los buenos resultados, lo que nos hace crecer como personas.

Ética para Amador, de Fernando Savater, es una gran obra. La ética, según la entiende el filósofo español, trata de cómo vivir una buena vida. ¿Qué puede ser más importante que esto? Y no hay mejor acercamiento a la ética que leer el libro de Savater: sencillo y profundo a la vez, provocativo y comprensible, pensado para estar al alcance de un lector lego sin bastardear por ello las ideas que allí se exponen. Lo dicho: un libro magnífico, ameno e influyente.

"El favor de los dioses", cuento tradicional zen. Versión propia reescrita a partir de la historieta de Tsai Chih Chung en *El zen habla*.

Fernando Savater, *Ética para Amador*, Ariel, Barcelona, 1995.
Tsai Chih Chung, *El zen habla*, Sudamericana, Buenos Aires, 1999.

El secreto de las musas

Él se queja de que no tiene constancia. Ha comenzado numerosas actividades y proyectos pero, invariablemente, acaba sintiendo un hartazgo y un fastidio que terminan por hacerlo abandonar sus objetivos. Él dice que nada lo motiva, que nada le interesa de verdad.

BERNARDO:

¿Quién no se ha sentido alguna vez motivado? ¿Quién no ha sentido esa energía que surge de nuestro interior y que nos impulsa a pasar sin ningún esfuerzo del pensamiento a la acción? Todos conocemos esa maravillosa sensación. Por desgracia, lo más probable es que también conozcamos su opuesto: la falta de motivación, el desinterés, la dificultad para ponernos en marcha o para mantenernos constantes.

El escritor estadunidense Paul Auster (en mi opinión y de muchos otros, uno de los mejores escritores contemporáneos del mundo) relata en su texto "¿Por qué escribir?" una pequeña anécdota de su infancia que, creo, puede servirnos para comenzar a pensar sobre el tema.

Cuenta Paul Auster que, cuando él tenía ocho años, su mayor interés era el beisbol. Y era, por supuesto, un gran fanático del equipo de su ciudad: los New York Giants. Una tarde, sus padres y unos amigos lo llevaron a presenciar por primera vez un juego de los Giants. Cuenta Auster que, al terminar el encuentro, los adultos con quienes estaba decidieron esperar un tiempo para salir más tranquilamente del estadio. Cuando casi todo el público se había marchado ya, Paul Auster vio, a unos pasos de distancia, al jugador estrella del equipo que, ya sin el uniforme, se disponía a dejar el estadio. La emoción embargó al pequeño Paul: su ídolo máximo estaba allí, a su alcance. Se acercó a él y con la voz temblorosa le preguntó si podía firmarle un autógrafo. El beisbolista dijo que lo haría con gusto y le pidió un bolígrafo. Pero Auster no tenía uno y resultó que ni sus padres ni ninguno de los amigos de éstos llevaban algo con que escribir. El jugador se encogió de hombros, dijo que lo sentía, se despidió y salió del estadio. El niño no pudo contener las lágrimas. Ya en el camino de vuelta a casa, Auster se sentía triste, pero también irritado consigo mismo: la vida le había brindado una oportunidad y él la había desaprovechado. Cuenta que, a partir de ese día, comenzó a llevar siempre un bolígrafo consigo, fuera a donde fuese. Estaba decidido a que jamás volviera a ocurrirle lo mismo. Y dice Auster que si llevas un bolígrafo todos los días, es probable que te sientas tentado a utilizarlo. Así, suele contar, es como se convirtió en escritor.

Lo maravilloso de esta historia es que la motivación de Auster para convertirse en escritor no se nutrió de un anhelo de éxito o de fama, no provino de la perspectiva de conseguir logros literarios, sino que surgió de algo mucho más sencillo y al mismo tiempo más profundo: del deseo de un niño de acercarse de algún modo a su ídolo. La historia del pequeño Paul Auster nos enseña que la verdadera motivación, aquella que nos permite ponernos en movimiento y que resulta imprescindible para mantenernos en nuestro rumbo cuando las cosas no salen como esperábamos, no surge del interés en conseguir algo, alcanzar una meta, o satisfacer una necesidad. La auténtica motivación nace de los más profundos deseos de nuestro corazón.

Una vida plena no depende de ir llenando los casilleros de lo logrado para poder, al completarlos todos, gritar: "¡Lotería, soy feliz!". Se trata, más bien, de seguir el rumbo que auténticamente elegimos. Por eso, yo diría que algo es capaz de motivarnos sólo cuando "está en línea con nuestros deseos". Como al niño del autógrafo, perseguir nuestros deseos puede llevarnos muchas veces a lugares insospechados, pero si permanecemos fieles a ellos, lo que encontremos durante el viaje será, de seguro, algo valioso (aunque no sea aquello que creíamos que encontraríamos).

En el relato de Paul Auster hay aún algo más que considerar: para continuar por el camino elegido, la motivación es necesaria pero no suficiente. Hace falta también una decisión. En términos generales, esa decisión es la que expresa muy bien el propio Auster: NO desaprovechar las oportunidades que la vida nos presenta. Esto es, seguir el rumbo que deseamos y estar dispuestos a pagar, en cada caso en particular, el precio por hacerlo.

¿A qué me refiero con pagar el precio? A menudo se escucha a personas que a la hora de pasar a la acción dicen: "Pero es que me cuesta hacerlo". Por supuesto, habría que responder, claro que te *cuesta* porque todas las decisiones tienen un *costo*. Como mínimo, el de renunciar a las otras posibilidades, y varios costos adicionales como el tiempo y el trabajo personal. Es un error creer que lo que nos motiva debería sernos fácil, debería "no costarnos nada". Todo lo contrario; lo que nos motiva es siempre aquello que nos importa lo suficiente como para aceptar que nos *cueste*; es algo por lo que estamos dispuestos a poner de nosotros. Una vez le preguntaron a un gran artista (algunos dicen que fue Picasso) cómo buscaba motivación, dónde encontraba a sus musas, si es que éstas existían realmente. Él respondió que las musas existen y que son ellas quienes te buscan a ti pero, agregó, deben encontrarte trabajando, de lo contrario piensan que eres un vago y se van a otro sitio.

Es decir, para que podamos producir algo, la motivación debe ir acompañada de un compromiso y una dedicación hacia ese camino que elegimos. Por esto es importante que podamos diferenciar la motivación de otro concepto que muchas veces se confunde con ella: las ganas. La motivación se relaciona, como dije, con un deseo y por eso, con el interés que me despierta un proyecto a mediano o largo plazo. En cambio, las ganas tienen más que ver con el agrado o desagrado inmediato que me produce hacer una determinada actividad. Por ello, cuando aparece el desinterés, es importante hacer el ejercicio de visualizar cuál es el objetivo más grande por el que planeo este curso de acción. ¿Hacia dónde quiero ir? ¿Cuál es el deseo que me motiva? Si no tengo respuestas para estas preguntas es probable que me encuentre frente a una verdadera falta de motivación y sea necesario replantear el rumbo que estoy llevando. Sin embargo, la mayoría de las veces sí hallaré alguna respuesta. Tendré que concluir entonces que estoy "desganado". En general, la falta de ganas significa que no me encuentro muy dispuesto a pagar los precios de los que hablábamos antes. Es necesario en estos casos volver a poner en primer plano mis motivos, llevar la mirada hacia el horizonte al que me dirijo, para que esto me haga caer en la cuenta de que ponerme en acción justifica el esfuerzo. Creo sinceramente que todos nuestros auténticos deseos, aquellos que nacen de lo más profundo de nuestro ser y que nos acompañan cada día, todos y cada uno valen lo que nos cuestan. Pocas cosas hay que empobrecen tanto nuestra vida como no animarnos a perseguir lo que deseamos.

FUENTES Y LECTURAS RECOMENDADAS

"¿Por qué escribir?" en *Experimentos con la verdad*, de Paul Auster. Paul Auster nació en Nueva Jersey en 1947 y vive actualmente en Nueva York, ciudad que desempeña un gran papel en muchos de sus libros. En su obra, el azar está siempre presente: las historias de sus personajes confluyen de forma sorpresiva, hay coincidencias inexplicables, vidas paralelas o especulares, eventos de sincronicidad asombrosa. Lejos de creer que tales sucesos sólo puedan producirse en la ficción, Auster sostiene que nuestra vida cotidiana está repleta de ellos y *Experimentos con la verdad* intenta demostrar esta observación: se cuentan allí diversos episodios verídicos en los cuales el azar, la coincidencia y lo inesperado juegan un papel fundamental. Leyendo a Paul Auster, lo cotidiano se vuelve fuente de incertidumbre, desasosiego o maravilla.

Esta frase fue adjudicada a Pablo Picasso, si bien a veces con leves variantes que no cambian la idea central. Picasso es uno de los pocos pintores (y quizá el primero de ellos) que logró un reconocimiento acorde a su genio mientras aún vivía, quizá sea porque él tenía plena conciencia de su genialidad. Una anécdota cuenta que Picasso fue a comer a un restaurante. Cuando terminó la cena se dispuso a pagar la cuenta pero el dueño del lugar se negó a aceptar el dinero diciendo que la casa invitaría. Picasso agradeció y cuando ya se estaba marchando, el dueño se acercó para decirle que lo único que le pediría es que le firmase una servilleta para ponerla en la pared del establecimiento. Picasso dijo que no lo haría y explicó: "Yo ofrecí pagarle la cuenta, no comprarle el restaurante". Se entiende: si firmaba la servilleta la convertía en una obra de arte, y una obra suya era algo valiosísimo. Él lo sabía y no dudaba de ello ni por un segundo.

Paul Auster, *Experimentos con la verdad*, Anagrama, Barcelona, 2001.

Prosperidad, el arte de crecer sin apuro

Ella es una joven inteligente y dedicada. Finalizó sus estudios hace un par de años y desde entonces ha trabajado duramente. Sostiene que quiere ser exitosa en su profesión y ganar mucho dinero. Siente fastidio porque no ve que todo su esfuerzo esté dando frutos.

Carolina:

Éxito, riqueza, dinero, prosperidad, bienestar, seguridad... Todas estas palabras despiertan en nosotros sensaciones intensas y emociones a menudo contradictorias. Con frecuencia las utilizamos indistintamente, pero creo que habría que diferenciarlas para evitar así algunos atascos.

La principal confusión se halla en diferenciar los conceptos de prosperidad y éxito. Como quizá sepas, la palabra *éxito* proviene del griego *exitere* que significa salir (como lo evidencian los carteles en las salidas de emergencia en inglés: EXIT). Es decir que el éxito es una evaluación que se hace a la salida, al final. Nos habla de un resultado. Y los resultados no dependen exclusivamente de nosotros; existen muchos factores que intervienen y que escapan a nuestro control, como el azar y las decisiones de otras personas, por nombrar sólo dos. Por ello no soy muy proclive a estimular la búsqueda del éxito; perseguirlo es una actitud que nos vuelve demasiado dependientes del afuera. Además, aun si conseguimos el resultado esperado, nos encontraremos inevitablemente con la pregunta "¿y ahora qué?". La respuesta rápida es un nuevo desafío, una nueva meta, un nuevo éxito que alcanzar. Muchos "buscadores de éxito" viven así, saltando de meta en meta, felices cuando obtienen lo que anhelan, infelices cuando no.

¿Qué podemos hacer entonces con nuestros deseos quienes nos resistimos a entrar en la vorágine del éxito? Creo que es en este punto donde la idea de prosperidad puede sernos de ayuda, porque ésta se define como el curso favorable de las cosas. Vale la pena notar que se dice *curso* y no *resultado*. La idea de prosperidad remite a un proceso, a algo que se encuentra siempre en movimiento, fluyendo hacia delante. Diría yo que alguien próspero es aquel que se mueve en la dirección en la que apunta su deseo. Alguien próspero no se fuerza a conformarse con poco ni se avergüenza por querer más, pero tampoco enloquece intentando que las cosas sean tal como las soñaba ni pretende conseguirlas de hoy para mañana. Sabe que debe sembrar si luego piensa recoger la cosecha. Sabe que no se trata de llegar, sino de fluir.

En su libro *Un viaje heroico hacia la abundancia y la prosperidad*, Ana Blesa comenta una particularidad acerca del crecimiento de la planta de bambú, que sirve muy bien para ejemplificar esta idea de la prosperidad como un proceso y diferenciarla del éxito. Al parecer, una vez sembrada la semilla de bambú es necesario abonarla y regarla a diario. Sin embargo, por un largo tiempo no ocurre nada; de hecho, no ocurre nada durante siete años. Justo después de siete años de cuidado, nace un brote que, en sólo seis semanas, crecerá más de treinta metros. ¿Qué ocurrió aquí? ¿El bambú despertó de pronto? No, lo cierto es que ha estado creciendo todo el tiempo. Sólo que durante los primeros siete años ha estado desarrollando las intrincadas y profundas raíces sin las cuales no podría luego soportar su propia altura. Seguramente si alguien pasara por un campo de bambú al cabo de cuatro años de la siembra, pensaría: "Estas semillas no han tenido éxito". Y tendría razón, no han tenido éxito porque no han dado (aún) resultados. Pero el granjero experimentado sabría que, bajo tierra, las semillas *prosperan* y se preparan para grandes cosas. No olvidemos nosotros la importancia de nuestro propio crecimiento en profundidad, menos espectacular, pero que nos permitirá sostener luego lo que deseemos construir.

La prosperidad, como dije, se desarrolla en forma continua. Por eso, para que funcione se requiere una especie de "motor", algo que provea la energía necesaria para impulsar ese movimiento hacia delante. Ese motor son nuestros intereses, nuestras pasiones. Todas estas cosas podríamos englobarlas, en relación con este tema, bajo el término "ambición". La ambición tiene muy mala fama; se le acusa de producir grandes males, de estar detrás de las guerras y de la corrupción. En lo personal, creo que hay otros factores a los cuales atribuir los grandes males de la humanidad: el odio, la intolerancia, el temor. Pero volvamos a nuestro tema. La ambición en sí no es más que, como lo dice el filósofo argentino Alejandro Rozitchner en su libro *Ideas falsas*, "querer lograr grandes cosas". Y querer grandes cosas para uno no tiene nada de malo, pues de ningún modo implica no desearlas para el resto. Algunas veces confundimos la ambición de querer mucho con la codicia de quererlo todo (lo mío, lo tuyo, y todo lo demás) que, por supuesto, sí daña la relación entre las personas.

Hay también quienes demonizan la ambición movidos por la envidia y el rencor. Son aquellos que proponen "igualar para abajo", aquellos que creen que no pueden elevarse a sí mismos y buscan entonces rebajar a los demás. Recuerda: tener deseos, ambiciones, sueños, ilusiones, no es motivo de vergüenza; más bien todo lo contrario. Si buscamos ser prósperos tendremos que prestar atención a nuestros deseos, nutrirlos, no descartarlos tan rápido por improbables o criticables, no avergonzarnos de ellos, sino aceptarlos como estandartes de nuestra identidad, valorarlos más allá de que alguna vez se conviertan o no en realidad.

La idea de prosperidad puede aplicarse a diversos aspectos de nuestra vida. Aun así, las más de las veces que oímos esta palabra es en relación con un ámbito bastante específico: el de lo laboral y/o lo económico. Así lo expresa la segunda acepción de la palabra prosperidad que dice: "Mejora progresiva en la posición social o económica".

El dinero impregna hoy en día casi todos los espacios de nuestra vida. Dedicamos enormes cantidades de tiempo y esfuerzo a conseguirlo y administrarlo. Ocupa un lugar de suma importancia en el desarrollo de nuestra cotidianidad y en la posibilidad de acercarnos a muchos de nuestros proyectos. La idea de convivir como pareja, por ejemplo, puede nacer del amor mutuo, pero llevar adelante ese proyecto sin haberse sentado una sola vez a considerar cómo solventarán la economía de su nuevo hogar, es un tanto arriesgado y bastante ingenuo.

La omnipresencia del dinero en nuestras vidas es una característica de la humanidad contemporánea. En lugar de criticar y rechazar este hecho, más nos vale (a menos que estemos considerando seriamente retirarnos a un monasterio zen y dejar atrás todas nuestras pertenencias) empezar a preguntarnos por nuestra relación con el dinero.

Sin embargo, ésa no es una tarea sencilla. Descubrí, no hace mucho, que hablar del dinero (y de todo lo que se relaciona con él) puede resultar igual de embarazoso, o aún más, que hablar de sexo. He tenido más de un paciente que, habiendo conseguido luego de un tiempo abordar sin inhibiciones los aspectos más íntimos de su sexualidad, al llegar a la cuestión del manejo de su economía se mostraba de pronto sumamente recatado o avergonzado, dando rodeos para no mencionar cifras exactas o haciéndolo con gran esfuerzo e incomodidad.

Es cierto que del dinero se habla y se habla mucho... pero del dinero propio, poco o nada. De cuánto dinero ganamos, de cuánto tenemos o cuánto nos falta, de cuánto deseamos tener, todo esto lo callamos y lo ocultamos. Sólo con aquellos que nos generan gran confianza podemos compartir estas cuestiones. ¿Por qué nos produce tanta reticencia hablar sobre nuestro dinero? Yo diría que por la misma razón que en lo tocante al sexo, es decir: porque engendra grandes pasiones. El dinero nos genera deseo, temor y envidia.

La ambición de tener dinero, de crear riqueza, de ser prósperos económicamente, es una ambición como cualquier otra. No tiene nada de malo en sí misma. Pero sucede que está rodeada de gran cantidad de mitos, prejuicios y creencias que hemos escuchado desde pequeños como "pobre pero honrado", "más vale pobre y sano, que rico y enfermo" y otras frases similares que parecen suponer que si se tienen riquezas es siempre a costa de sacrificar la honestidad, la salud, la inteligencia o incluso el amor. A todas estas frases podríamos responder con otra que (según contaba mi padre) mi bisabuelo repetía siempre en tono un tanto socarrón: "Yo prefiero mil veces ser rico y sano, que pobre y enfermo". Más allá de la broma, creo que podemos extraer de aquí una pregunta interesante: ¿por qué deberíamos tener que elegir entre la riqueza y la salud, o la honestidad, o cualquier otra virtud? Yo creo que es del todo posible tener mucho dinero sin que ello constituya una falta que deberá ser compensada por una especie de justicia cósmica con algún mal. Creo que todas estas relaciones de exclusión entre lo material y lo espiritual son falsas. Si nos interesa prosperar laboral y económicamente debemos desandar estas creencias, pues contribuyen en gran medida a generar un sentimiento de culpa que puede disuadirnos de prosperar.

Con todo, sí es cierto que el dinero tiene algunas particularidades que hacen que el deseo de poseerlo pueda resultar en ocasiones algo complicado. Lo que sucede es que el dinero es en esencia abstracto. No tiene por sí mismo ningún valor; es valioso sólo por lo que potencialmente puede permitir. Es decir, el dinero es un medio para conseguir otras cosas.

Lo que complica aún más la cuestión es que el dinero se ha convertido en la actualidad en casi el *único y exclusivo* medio para conseguir bienes materiales. Eso lo vuelve imprescindible para mantener el estilo de vida que en general llevamos. Pero cuando el foco está demasiado puesto en el dinero, volviéndolo un fin en sí mismo, es muy posible que quien lo persigue acabe sintiéndose vacío (ya que el dinero está en realidad vacío). Creo que si no queremos quedar hipnotizados por el dinero, debemos recordar que no existe cantidad alguna que nos conduzca a la sensación de prosperidad. Sólo podemos ser prósperos trabajando sobre nuestra capacidad de producir. Convertirnos nosotros mismos en los artífices de nuestra riqueza. De esta manera, ocurra lo que ocurra con el dinero que tenemos, nunca estaremos en la miseria porque siempre contaremos con nosotros mismos para generar lo que necesitamos para vivir.

FUENTES Y LECTURAS RECOMENDADAS

Un viaje heroico hacia la abundancia y la prosperidad, de Ana Blesa. Ana Blesa nació en Zaragoza, España, y vive en Buenos Aires. Es psicóloga social, brinda talleres y seminarios y es autora de varios libros, entre ellos: el que cito aquí y *Mi teta izquierda*.

Ideas falsas, de Alejandro Rozitchner. Alejandro Rozitchner es un filósofo argentino cuyo pensamiento intenta siempre acercar las ideas filosóficas a la cultura popular. *Ideas falsas* es un libro interesante que, como dice su nombre, recorre una serie de ideas ya instaladas en la sociedad moderna, que nos influyen poderosamente, pero que están basadas en prejuicios, normas morales sesgadas o visiones caducas del mundo. Rozitchner desanda el armado de estas ideas y, al hacerlo, nos brinda nuevas posibilidades de pensar.

Ana Blesa, *Un viaje heroico hacia la abundancia y la prosperidad*, Del Nuevo Extremo, Buenos Aires, 2004.
Alejandro Rozitchner, *Ideas falsas*, Del Nuevo Extremo, Buenos Aires, 2004.

PROSPERIDAD, EL ARTE DE CRECER SIN APURO

Limitaciones
y transformaciones
de la realidad

Él padece de estrabismo. Durante toda su infancia ha convivido
bien con este rasgo, pero en los últimos tiempos ha sentido cada vez
más que, a causa de ello, se queda fuera de algunas cosas: tiene di-
ficultades para establecer relaciones sociales y cree que lo han rele-
gado en su avance profesional.

BRUNO:

Muchas veces nos encontramos con aspectos de nuestra vida de
los cuales nos sentimos insatisfechos. Casi siempre son facetas
con las que desde hace tiempo estamos descontentos. Quizá cavi-
lamos a menudo sobre ello. Quizá una y otra vez nos preguntamos
cómo hacer para modificar esas situaciones. Pero por una razón
u otra, a menudo acabamos no haciendo nada al respecto, o lo intentamos tímidamente y desistimos pronto cuando las cosas no
salen como esperábamos, o nos desilusionamos frente a su apa-
rente inmutabilidad.

¿Qué podemos hacer frente a estos aspectos? ¿Cómo podemos
modificarlos? Quizá antes de intentar responder a estas preguntas

deberíamos hacernos otra, aún más fundamental: ¿Podemos transformar la realidad? A esta pregunta hay quienes, sin dudarlo, responderán con vigor: "¡Sí!". En mi opinión, corren el riesgo de darse de bruces contra la pared cuando empiecen a encontrarse con ciertos límites que el entorno les plantea. Otros, en cambio, responderán cabizbajos y apesadumbrados: "Nooooo...". Estas personas se exponen a conformarse con su "mala fortuna" y a terminar frustradas.

Yo creo que la mejor respuesta (o sea, la que nos permite encarar la vida de manera más sana) a la pregunta de si podemos transformar la realidad es que podemos hacerlo parcialmente. No me refiero a la trillada solución del "término medio", como si la salida posible fuese una negociación por partes iguales entre lo que deseamos y lo que la realidad nos ofrece. De lo que se trata es de que, frente a cada situación, frente a cada realidad, habrá cosas que sí podré transformar y otras que no.

Para que un proceso de cambio sea sustentable debe partir siempre de una verdadera aceptación de la realidad. Ello implica comprender sobre qué factores de los múltiples que determinan una circunstancia puedo actuar y sobre cuáles no. Cuando aceptamos un hecho o una condición, reconocemos que eso es así... por ahora. Aceptar no implica abandonar toda intención de cambio (eso sería resignarse) sino, por un lado, entender que eso llevará tiempo y trabajo, y por el otro, ser capaz de vivir satisfactoriamente en el mientras tanto.

La aceptación de mi circunstancia actual establece un mojón. Me digo: "Aquí comienzo". Si no lo hiciese... ¿cómo podría trazar la ruta que he de seguir? La transformación de una realidad es posible, pero es necesario pensarla como un punto de llegada, como el resultado de una ardua travesía.

Podemos ahora comenzar a responder aquellas preguntas que nos habíamos formulado al comienzo: ¿qué podemos modificar de nuestra realidad? y ¿cómo hacerlo? La respuesta al "qué" es bien sencilla: podemos modificar aquello que depende exclusivamente de nosotros. Es posible que esa transformación modifique en segunda instancia otros aspectos de la situación que estaban fuera de mi alcance, pero siempre deberé comenzar por aquello que puedo poner a mi cargo. Tanto es así que debo comenzar por mí mismo, aun cuando tenga la convicción de que yo no estoy cometiendo error alguno.

Supongamos, por ejemplo, que estoy inconforme con mi condición laboral porque no consigo el ascenso que deseo. Digamos que sé que mi desempeño es más que adecuado y que he recibido excelentes evaluaciones de parte de mis superiores. Digamos también que cumplo a la perfección con el horario y las demás normas de trabajo y que cuando ha sido necesario, he tomado a mi cargo aun funciones que excedían mis tareas habituales. Sin embargo, otros compañeros con (a mi juicio) menores méritos han conseguido ascensos y yo no. Supongamos por último que yo creo que esto se debe a que esos otros "tienen influencias", es decir, son familiares o amigos de aquellos que deciden quién es promovido o se han congraciado con ellos de alguna manera. Pese a que todo esto sea cierto, de nada me servirá quedarme a esperar que mis jefes finalmente reconozcan mi capacidad y mi esfuerzo. Por el contrario, soy yo quien debo modificar algo de mi conducta si quiero transformar la situación. ¿Y qué puedo hacer? Pues bien, si yo creo que los ascensos en mi empresa dependen más de la cercanía afectiva que del desempeño laboral, tendré que ocuparme de mejorar mi relación personal con mis superiores: tendré que invitarlos a cenar a casa, ir más seguido a tomar unos tragos o ser más simpático en la oficina.

Cuando le sugiero a alguien este tipo de pensamiento muchas veces se desarrolla un diálogo que va más o menos así:

–¡Pero yo no debería tener que ocuparme de eso! ¡Ellos deberían evaluarme por mi capacidad laboral!

–Tienes razón: ellos deberían hacerlo... ¿Y?

–Y que es injusto. Está mal.

–Cierto: es injusto, está mal... ¿Y?

–Y... nada.

–Exacto: nada. No hay nada que puedas hacer centrándote en lo que tus jefes, la empresa o el sistema *deberían* hacer. Si no quieres estar en una compañía donde los ascensos se deciden de esta manera, tendrás que buscar otro trabajo; pero permanecer ahí para quejarte de cómo son las cosas no te traerá beneficio alguno.

Lo diré otra vez: aunque esté absolutamente seguro de que son los otros o el mundo quienes están equivocados, aunque todos mis conocidos me den la razón, aunque la televisión, los libros y la sabiduría universal confirmen que soy yo el que está en lo cierto, aun así, debo ser yo quien cambie. ¿Por qué? Pues porque como soy yo quien desea transformar la situación, entonces la responsabilidad recae sobre mí; soy yo quien debe hacer el primer movimiento. Para transformar una realidad hace falta dejar de lado el orgullo: el orgullo de opinar sobre cómo deberían ser las cosas o sobre quién tiene la razón. Lo único que tiene sentido es preguntar: ¿qué puedo hacer yo al respecto? Siempre, en toda situación, por desesperada que parezca, hay algo que puedo hacer, aunque sólo sea modificar el modo en que percibo e interpreto esa realidad (que, dicho sea de paso, no es poco en modo alguno).

Cuentan que había una vez un monje llamado Yang que, cada vez que meditaba, era interrumpido en mitad de su trance por una gigantesca araña que bajaba desde el techo balanceándose sobre su tela y luego se empeñaba en caminar sobre el cuerpo del monje hasta que éste no tenía más remedio que interrumpir su meditación para ahuyentarla.

Preocupado por esta situación, fue a ver al maestro del templo para contarle lo que ocurría y pedirle consejo. No quería dañar al insecto, pues era parte del gran cosmos, pero tampoco podía dejar que continuara molestándolo en todas sus meditaciones.

El maestro permaneció en silencio unos minutos; parecía estar considerando la situación. Luego dijo:

—La próxima vez que te dispongas a meditar, llevarás contigo un frasco de tinta y un pincel. Cuando la araña aparezca, le dibujarás un círculo en la panza. De ese modo sabremos qué clase de monstruo es.

—Así lo haré, maestro —dijo Yang, a pesar de que no entendía muy bien el fin de todo aquello.

Al día siguiente, Yang se sentó en su manto como lo hacía habitualmente cuando se disponía a meditar y dejó a su lado la tinta y el pincel. Al cabo de media hora de meditación, apareció nuevamente la araña. Haciendo un gran esfuerzo de concentración para no romper el trance, Yang tomó el pincel y con un trazo ágil pintó un círculo negro en la panza de la araña. Al instante, el insecto volvió a subir al techo para luego desaparecer y el monje Yang pudo terminar su meditación. Entonces fue a ver de nuevo a su maestro para agradecerle.

—Maestro, hice lo que me dijiste y funcionó. ¡Es notable tu conocimiento de la naturaleza animal!

—¡Oh! —dijo el maestro—. No es la naturaleza animal la que conozco, sino la naturaleza humana.

Y diciendo esto señaló con su bastón hacia el abdomen del monje Yang, quien al mirarse encontró dibujado allí mismo, el círculo de tinta negra.

Una vez establecido nuestro punto de partida en función de la aceptación de nuestra situación inicial y que nos hemos puesto en marcha con la comprensión de que el cambio debe comenzar por nosotros mismos, ocupémonos del "cómo" transformar nuestra realidad. Para ello, deberemos fijar también un punto de llegada. No porque vayamos a arribar precisamente a ese punto, sino porque nos servirá, más bien, de horizonte y de brújula.

Para definir ese punto de llegada habremos de servirnos de nuestra fantasía. Será muy importante hacernos una imagen de hacia dónde queremos llegar, construir mentalmente esa situación e ir moldeando esa imagen, de modo que la hagamos cada vez más tangible. Cuanto más acabada y detallada sea, tanto mejor, pues es una especie de boceto de lo que luego intentaremos llevar a la práctica. Napoleon Hill, el escritor estadunidense considerado uno de los pioneros de la autoayuda, escribió: "Cuida tus visiones y tus sueños, porque son los hijos de tu alma, los esbozos de tus mayores logros". Para transformar nuestra realidad y acercarla a nuestra fantasía es necesario que nos atrevamos a creer que podemos conseguirlo.

Cuando reflexiono sobre esto, a menudo recuerdo un pasaje de la película *El imperio contraataca*, el quinto episodio de la saga de *La guerra de las galaxias*, que me fascinó desde pequeño (aunque entonces desconocía el porqué). En esta escena, Luke Skywalker, nuestro héroe, ha viajado a un pantanoso planeta para buscar al maestro Yoda y aprender con él los caminos de la Fuerza, esa misteriosa energía que conecta todo el universo. Al llegar allí, su nave espacial se ha encallado en el lodo y puede que regresar le sea imposible. Durante su entrenamiento, el maestro Yoda le indica a Luke que extraiga la nave del pantano haciéndola levitar por medio de la Fuerza. Luke alarga su mano hacia la nave, se concentra, pero apenas consigue que la nave se mueva para luego terminar por hundirse por completo.

–Es imposible —le dice a su maestro—, es demasiado pesada.

Entonces, algo desilusionado, el maestro Yoda extiende su pequeña mano, cierra los ojos y, unos segundos después, la nave comienza a elevarse hasta emerger fuera del estanque de lodo y posarse luego, con gracia, sobre la tierra firme.

–¡No puedo creerlo! —exclama Luke.

–Por eso —le dice Yoda— es que fracasas.

Si no creemos en la tarea que nos disponemos a emprender, si no confiamos en que es posible (tan sólo posible) producir un cambio, es casi seguro que fracasaremos. Una vez que hayamos definido hacia dónde queremos llegar, tendremos que acometer el trabajo de conectar nuestro punto de partida con nuestro punto de llegada; así dispondremos de una firme guía que nos orientará a la hora de planificar nuestras acciones.

"La naturaleza de la araña", cuento tradicional zen. Leí por primera vez esta historia en el libro *Historias de todos los tiempos y todas las culturas*. Esta versión está escrita por mí.

Muchos consideran al escritor estadunidense Napoleon Hill (1883-1970) como el pionero de la autoayuda. A partir de su encuentro con algunos personajes de su época que habían logrado destacarse dentro de su campo, Hill se propuso armar una serie de leyes que pudieran ser aplicadas por cualquiera para alcanzar el éxito. Fruto de ese trabajo nació un curso y dos de sus libros: *Las leyes del éxito* y el mejor conocido, *Piense y hágase rico*.

El imperio contraataca, de George Lucas, es el V episodio de la saga de *La guerra de las galaxias*. Ha sido siempre (y lo sigue siendo) mi episodio preferido. Seguramente sea porque, si pensamos la saga completa como un viaje iniciático, éste es el episodio en el que se narra la preparación del héroe para la batalla final. Arquetípicamente este momento debe incluir dos sucesos, que se identifican muy bien en el filme: el primero es el encuentro con el maestro (reflejado en la relación entre Luke y Yoda); el segundo es el enfrentamiento del héroe consigo mismo: antes de enfrentarse a su rival, debe conquistar sus propios miedos. Lo interesante es que Luke falla en este segundo punto y abandona el entrenamiento antes de haberlo completado. En consecuencia (y esto es lo bueno de la película: que no es condescendiente) la historia termina mal. Ya habrá tiempo de redención para Luke en *El regreso del Jedi*, pero por ahora se ha equivocado y él y sus amigos deberán cargar con las consecuencias de sus actos.

Historias de todos los tiempos y todas las culturas, Forja, Providencia, 1965.

Napoleon Hill, *Las leyes del éxito*, Obelisco, Barcelona, 2006.

—, *Piense y hágase rico*, Grijalbo, México, 2007.

LIMITACIONES Y TRANSFORMACIONES DE LA REALIDAD

Oportunidades: atajos o desvíos

*Ellos no piensan en otra cosa que en cambiarse de departamento.
Finalmente, después de mucho buscar han encontrado "el departamento de sus sueños". Sin embargo, es bastante más costoso de lo
que tenían en sus planes. Se debaten entre solicitar un préstamo y
dejarlo pasar. Temen estar perdiendo una oportunidad única.*

Vanesa y Leandro:

*Un viejo chiste cuenta que en un pequeño pueblo se desata una tor-
menta tal que el agua del río vecino lo inunda por completo. Los
habitantes escapan como pueden pero el sacerdote del lugar, que
siempre ha sido un hombre de gran fe, permanece en la entrada de
la parroquia, rezándole a Dios para que realice un milagro y lo salve,
sacándolo de allí. Parece no haber respuesta. Después de algunos minutos pasa por allí un hombre conduciendo una camioneta y le dice:*

–¡Padre, vamos, que el agua sigue subiendo!

–No te preocupes, hijo —dice el sacerdote—, Dios me salvará.

*La inundación crece y el sacerdote, ahora con el agua hasta la
cintura, continúa rezando. Pasa entonces un bote de remos con varios hombres que le gritan al cura que suba o se lo llevará el agua.
Él les responde con firmeza:*

–Id vosotros, no os preocupéis por mí, Dios me salvará.

Los hombres se alejan, mientras la tormenta no cesa y el agua continúa subiendo; tanto que el sacerdote debe trepar al techo de la parroquia. Cuando la inundación está a punto de cubrirlo todo, se acerca al religioso un helicóptero desde donde le hacen señas para que agarre la cuerda de rescate, pero éste se niega:

–¡Soy un hombre de fe! —grita—. ¡Dios me salvará!

Sin embargo, el agua continúa cayendo y el esperado milagro no se produce. El sacerdote acaba por ahogarse y al instante se ve llegando a las puertas del cielo. Cuando se encuentra cara a cara con Dios no puede sino reclamarle que lo haya dejado morir de ese modo:

–Mi señor —le dice con tristeza—, ¿por qué me abandonaste?

–¡¿Pero de qué abandono me estás hablando?! —le responde Dios—. ¡Te mandé una camioneta, te mandé un bote, te mandé un helicóptero...!

Más allá de la broma, este pequeño cuento nos muestra la importancia de aprovechar las oportunidades que se nos presentan. Si no lo hacemos, si las dejamos pasar una y otra vez, podemos acabar como el sacerdote del cuento: creyendo que Dios nos ha abandonado. Para decirlo de otro modo, si no aprovechamos nuestras oportunidades, acabaremos creyendo en la ilusión de la mala suerte, pensando que el destino se ha ensañado con nosotros, pronunciando frases como "¡Nunca me sale nada bien!" y otras similares.

Lo repito con frecuencia: no somos omnipotentes; el "afuera" nos condiciona y no podemos pretender que todo resulte como lo esperábamos ni que las cosas sean como nos gustaría que fueran. Lo que sí podemos, es intentar hacer lo mejor con las condiciones que nos tocan. Por eso es importante estar atentos a los momentos en que esas "condiciones" son favorables para nuestros propósitos. Una oportunidad no es otra cosa que un momento propicio para algo.

Y me gustaría remarcar en esta definición la palabra *momento*. Lo que hace que las oportunidades sean tan importantes y a la vez nos generen tantas dificultades es, justamente, porque son *temporales, pasajeras*. Es decir que estas condiciones favorables se presentan en un momento determinado y pronto (hayámoslas tomado o no) desaparecerán. Esto hace que aprovechar las oportunidades sea una cuestión de *timing*. Nos sentimos de algún modo entre la espada y la pared... el tiempo nos corre... hay que tomar una decisión... es ahora o nunca...

La aparición de una buena ocasión despierta todo este tipo de pensamientos de los que los profesionales de la salud mental solemos desconfiar. ¿Por qué desconfiamos? Porque creemos que apurar los procesos personales no es, en general, un método aconsejable. Una oportunidad implica la aparición de una nueva opción y, en consecuencia, una nueva elección; y elegir es un proceso. Es necesario darnos el tiempo para evaluar los riesgos de este o aquel curso de acción. Pero, me dirán, si me tomo el tiempo para decidir, me perderé algunas oportunidades. Es cierto: *algunas* se perderán, pero aquellas que elija, las tomaré con convicción.

Por supuesto, no debemos confundir esto con esperar "hasta que esté seguro", pues entonces sí que me perderé todas las oportunidades, dado que nunca estaré del todo seguro de que tal o cual cosa es la correcta. Tendremos que aceptar cierto grado de incertidumbre y decidir qué riesgos quiero correr (y cuáles no).

No es posible aprovechar todas las oportunidades; tampoco, creo, sería deseable. Hace poco conocí a una joven que necesitaba trabajar para continuar con sus estudios. Consiguió un modesto empleo con una paga regular, pero se quejaba de que no le brindaba la estabilidad económica que deseaba. Al poco tiempo apareció la opción de otro empleo que tenía un mejor salario. La muchacha cambió de trabajo pero pronto descubrió que no le quedaban muchas horas que dedicar a su estudio. Unas semanas después, una amiga le ofreció otro trabajo que parecía reunir todas las condiciones y la joven lo tomó; sin embargo, resultó no ser tan bueno como esperaba. Era una chica capaz, de modo que las oportunidades laborales seguían apareciendo, pero al cabo comprendió que, en su afán por encontrar *lo mejor,* no acababa nunca de adaptarse a *lo que tenía* y, en consecuencia, la deseada estabilidad (que no era sólo económica) se le escapaba una y otra vez.

Resumiendo, podríamos decir que tan importante como saber aprovechar las oportunidades, es saber cuáles de ellas queremos tomar. ¿Y cómo podemos saber eso? Evidentemente ésta es una cuestión personal, pero creo que en este caso la etimología de la propia palabra *oportunidad* puede darnos una pauta general. Oportunidad proviene de *op,* que significa antes, y *portus* que significa puerto. Así, podríamos pensar que una oportunidad es un momento previo que favorece nuestra llegada al puerto. Pero, diría yo (y esto es lo que puede ayudarnos a responder a nuestra pregunta), no a cualquier puerto sino a aquél hacia el que nos orientábamos. En mi opinión, una oportunidad es tal si va en el mismo sentido en el que nos dirigíamos hasta entonces. No es un brusco cambio de timón, sino la colocación de las velas para aprovechar una buena corriente de viento y arribar así a nuestro destino. No hay oportunidad si uno no sabe qué rumbo lleva; puede ser que uno avance más rápido, pero si no sabe hacia dónde va, estará igual de perdido.

Desconfíen de aquellos caminos que aparecen de la nada y nos tientan con soluciones mágicas y veloces. Las verdaderas oportunidades, aquellas que debemos agarrar, son catalizadores de un proceso cuyo motor está dentro de cada uno de nosotros; por eso están en estrecha relación con el trabajo y los esfuerzos que en esa misma dirección hemos venido haciendo.

Muchas veces las circunstancias favorables pasan a nuestro lado sin que siquiera las veamos. Es evidente que para poder aprovecharlas primero es necesario reconocerlas. Para ello, debo identificar las fuentes de información de las que puedo servirme para "sondear" el campo de mi interés: pueden ser personas, medios de comunicación o mis propias observaciones de la situación. Una vez ubicadas, es importante consultarlas con asiduidad y con cierta dosis de paciencia. Piénsalo como el vigía en el mástil mayor que día a día mira el horizonte intentando avistar tierra.

Debemos tener en cuenta que muchas oportunidades no aparecen en la forma en la que las esperábamos. De lo contrario, puede sucedernos como al sacerdote del cuento que por esperar una aparición sobrenatural dejó pasar la ayuda mundana que se le acercó. Las situaciones propicias pueden aparecer del modo más inesperado, por el camino menos transitado o, por el contrario, confundidas entre lo habitual y cotidiano. Si identifico una oportunidad como tal, tendré que preguntarme, como mencioné más arriba, cuáles son los riesgos que conlleva ésta. Es cierto que a veces no hay mucho tiempo para ello. Por eso, puede ser útil pensar con anterioridad sobre qué riesgos estoy dispuesto a correr y cuáles no. De este modo, cuando surja la buena ocasión sólo tendré que verificar si presenta las condiciones que son aceptables para mí. No tendré así que pasar por todo el proceso de decisión cada vez y podré ahorrar un tiempo valioso que se sumará a mi *timing*. Para que esto funcione, es importante respetar las decisiones tomadas previamente y no "tentarme" con oportunidades que incluyan aspectos que consideré inaceptables.

Además de evaluar las condiciones inherentes al afuera, también debo evaluarme a mí mismo en relación con esta oportunidad y preguntarme si poseo los recursos necesarios para emprender el proyecto y si va en la dirección que deseo ir. Es posible que algo que representa una buena ocasión para otros no lo sea para mí, tal vez porque no dispongo de lo necesario o porque mi rumbo es otro. En este sentido no debemos dejarnos contagiar por el entusiasmo de otros que nos dicen (sin mala intención): "¡No puedes perderte esta oportunidad, es única!". Te lo aseguro: no existen oportunidades únicas. Si luego de pensar en los propios recursos e intereses encontramos que la ocasión no es para nosotros, habrá que tener la fortaleza para decir: "Paso, pero te deseo la mejor suerte". Una vez le dije a mi padre, ya no recuerdo hablando de qué: "Es que debo hacerlo, es ahora o nunca." "Bueno —me respondió—, entonces también puede ser nunca". Tenía razón: fue nunca, y fue lo mejor.

Pero si decides aprovechar la coyuntura, entonces... ¡no dudes! Comprométete con tu decisión. Confía en ella y trabaja en ese sentido. Siempre habrá dificultades, pero no cuestiones por ello tu juicio. No sirve de nada, una vez dado el paso, permanecer pensando si fue correcto o equivocado. Una vez que el viento infla las velas, pon el timón hacia el puerto y, en lo posible, disfruta del viaje.

FUENTES Y LECTURAS RECOMENDADAS

"El milagro frustrado" es el nombre que podríamos darle a este cuento. Es fruto de la tradición oral.

Sin certezas

Desde hace algún tiempo, él trabaja por cuenta propia. Disfruta mucho de lo que hace, pero en ocasiones lo invade el temor de que las cosas cambien y no pueda sostener a su familia. A menudo cavila sobre cómo conseguir cierta seguridad.

EDUARDO:

El escritor alemán Michael Ende, que seguramente conoces por su libro en el que se basó la película *La historia sin fin*, es también el autor de un curioso cuento que ya desde su título se propone hacernos pensar: "La prisión de la libertad".

Narra la historia del mendigo Insh'allah, quien alardeaba (antes de convertirse en pordiosero) de que todas sus riquezas y logros habían sido fruto de su talento y su capacidad, y profesaba por ello que nada debía a la providencia ni a su creador, Alá. Se había entregado a los placeres mundanos y así, una noche, lo sedujo un demonio disfrazado de mujer, quien con sus artes lo sumió en un profundo sueño. Al despertar se encontró en un cuarto circular, rodeado de más de un centenar de puertas, todas exactamente iguales.

De haber habido sólo una puerta Insh'allah la hubiese abierto de inmediato para escapar de aquel lugar maléfico, pero había tantas que no lograba decidirse entre una y otra, sin razón para preferir ésta sobre aquélla. En eso estaba cuando oyó una voz que le decía: "Haces bien en dudar. Detrás de alguna de estas puertas podría haber una bestia sedienta de sangre, detrás de otra, un tesoro que te pertenecería, detrás de una tercera, un abismo en el que caerías... Eres libre, puedes elegir cualquier puerta, pero recuerda que en cuanto abras una de ellas el resto se cerrará de inmediato para siempre. Elige con cuidado". Insh'allah sintió terror ante la perspectiva de esa elección imposible, no había modo de saber qué destino aguardaba detrás de cualquiera de aquellas puertas.

Largo tiempo permaneció Insh'allah en el centro del cuarto intentando encontrar alguna señal que le indicase qué camino tomar, pero fue en vano. Varias veces se acercó hasta alguna de las puertas pero, al posar su mano sobre el picaporte, lo asaltaban las dudas y los miedos y entonces volvía atrás, estremecido. Así continuó por días, incapaz de decidir. Incluso cuando se percató de que la cantidad de puertas disminuía según pasaban los días, lejos de sentir alivio, su angustia se profundizó. Llegó un momento en el que sólo quedaban dos puertas y entonces Insh'allah comprendió apesadumbrado que era igual de difícil elegir entre dos opciones que entre más de cien. Dejó pasar aún más tiempo y, finalmente, llegó lo que había añorado, que hubiese una sola puerta. Casi corrió hacia ella, pero entonces se le ocurrió que quizá detrás de aquella puerta le aguardara una muerte atroz. Tenía que elegir entre irse o quedarse. Eligió quedarse (hacía tanto tiempo que estaba allí) y la última puerta desapareció.

Allí, en el centro de un círculo ahora de piedra ininterrumpida, derrotado, Insh'allah se rindió y pidió perdón a Alá por la soberbia de creerse el único artífice de su destino. De nuevo lo invadió el sueño y despertó fuera de aquella "prisión de la libertad",

convertido ahora en un mendigo. Insh'allah se dedicó desde enton-
ces a repetir su historia a quien quisiese escucharla, para alertar a
otros a no cometer su mismo error.

Lo que me resulta interesante de esta historia es que, de alguna manera, todos nos encontramos continuamente en la misma situación que Insh'allah. Todos estamos, de forma constante, frente a decisiones que debemos tomar. Puede que algunas de ellas, las más cotidianas, parezcan superfluas mientras que otras nos impacten como de fundamental importancia, pero de uno u otro modo por fuerza tendremos que tomar cada una de ellas. Al igual que en el círculo de puertas, no hay modo de escapar sin elegir. A lo sumo podremos, como el protagonista de la historia, decidir no decidir, elegir la abstinencia. Bueno, ya ves cómo le ha resultado ese intento al desgraciado…

Pero la similitud entre la historia de Insh'allah y nuestra condición frente a las alternativas de la vida que quiero remarcar es otra. Se trata del hecho de que todas las decisiones que debemos tomar, debemos tomarlas, al igual que él, a ciegas. Nadie conoce el porvenir ni puede adivinar el futuro y por ello nunca sabemos a ciencia cierta a dónde conducen los caminos que elegimos. "¡Un momento! —me dirás—, las puertas del cuento eran todas iguales; en nuestra vida los caminos son diferentes, podemos identificarlos." De acuerdo, pero supón por un minuto que en las puertas del círculo hubiese habido colgados pequeños carteles: uno mostrando un fiero tigre, otro una joya preciosa, otro un abismo sin fondo, otro un jardín, otro una guillotina… Aun así Insh'allah tendría que decidir si confiar o no en esos carteles, ¿y si tan sólo están allí para engañarlo? ¿Garantiza un cartel lo que se encuentra del otro lado? Por supuesto que no. A nosotros nos ocurre lo mismo;

por más indicios que tengamos de a dónde suponemos que conducen nuestras elecciones, no dejan de ser más que eso: indicios y suposiciones... Existe tal cantidad de factores que influyen en el desenlace de una situación que es imposible tener certeza de lo que sucederá. E incluso cuando las cosas salgan tal como lo anticipábamos... ¿alguien puede asegurar que se sentirá como esperaba? No. Las puertas del porvenir son opacas, a nadie le es dado ver qué se oculta detrás.

No hay vuelta que darle: vivimos en la incertidumbre. Nada es cierto ni certero (recuerdo algo que una vez oí: que ni siquiera la muerte es segura ¡sólo estadísticamente abrumadora!). Olvidamos esta verdad a menudo, pues nos pone bastante nerviosos encontrarnos con aquello que no podemos controlar. ¡Ay, ay, ay, las personas y nuestra constante necesidad de tener todo bajo control! Cuántos problemas nos trae.

Para evitar la angustia de vivir en la duda, solemos implementar distintas estrategias. La primera es aquella en la que vivía el protagonista del cuento de Michael Ende antes de su desafortunado encuentro con el demonio: la negación. "¿De qué incertidumbre me hablas? No hay tal cosa. Yo hago esto y sucede aquello. Siempre ha sido así y siempre lo será. Yo *sé* lo que hago." Es la soberbia de creernos únicos artífices de lo que nos sucede, controladores absolutos de nuestro futuro y de nuestras emociones. El problema que tienen las personas que utilizan este enfoque es que suelen acabar teniendo fuertes desengaños cuando las cosas no salen como esperaban (lo que, tarde o temprano, siempre sucede). No han previsto siquiera que algo así pudiese suceder y les resulta muy difícil encajar el golpe. "No puedo creerlo", suelen decir, y se sienten desorientados y descolocados.

Otro modo en el que en ocasiones intentamos lidiar con la incertidumbre es el de dar estatuto de verdad a ciertos indicios de lo que puede ocurrirnos. Buscamos "señales" que nos indiquen cuál es el camino correcto, cuál es la puerta de la salvación. En ocasiones, nuestra necesidad de tener certezas es tan grande que puede llevarnos a ver "señales" en casi cualquier cosa. Todas las supersticiones y cábalas se basan en esto. Si nos disponemos a seguir sin cuestionar estos indicios, pronto acabaremos actuando de modos absurdos, sin ningún asidero racional o emocional. Haremos cosas que de otra manera rechazaríamos con tal de que la decisión sea tomada por "algo" que no seamos nosotros. "Algo me dijo que debía proponerte matrimonio": o bien, estoy tomando muy a la ligera lo que implica contraer matrimonio o bien, no me atrevo a decirte que soy yo quien quiere proponértelo. Cualquiera de las dos opciones constituye un mal punto de partida.

Una actitud bastante más saludable sería la que toma Insh'allah hacia el final del cuento: acepta que nada puede saber de su futuro, se declara ignorante y se pone en manos de Dios. "Se hará su voluntad", "lo que será, será". Esta aceptación y la entrega a un poder superior, ya sea entendiéndolo como Dios, la naturaleza, el destino, el universo o cualquier nombre que le pongamos, es benéfica porque trae tranquilidad y nos permite convivir con lo limitado de nuestra condición humana. Sin embargo, en algunos casos es posible que esta actitud nos lleve a desligarnos demasiado de nuestra responsabilidad. Que no seamos omnipotentes no implica tampoco que seamos meros peones movidos por una mano invisible.

A mi entender, la clave está en que, dado que nada podemos saber de lo que nos espera, no pretendamos definir nuestro camino pensando en los resultados sino basados en nuestros deseos. Son las intenciones, no las consecuencias, las que deben movernos en determinada dirección. Si nos centramos en *qué es lo que sucederá*, *qué será lo mejor*, nos quedaremos paralizados mientras nuestras opciones van disminuyendo, como le ocurrió a Insh'allah. Si no toleramos la incertidumbre, la libertad se convierte en una prisión.

Quizá te sea útil, en este punto, recordar aquella escena de la película *La comunidad del anillo*, primera de la trilogía de Peter Jackson basada en el libro *El señor de los anillos* de J. R. R. Tolkien. Allí, Frodo, a quien le ha sido encargada la difícil tarea de portar el codiciado anillo, se lamenta del curso que han tomado las cosas, pues ve que sus compañeros de travesía sufren y que las probabilidades de salir victoriosos son escasas. "Yo no quería que esto sucediera", le dice a su amigo y mentor Gandalf, el mago. Gandalf sonríe, pone una mano sobre el hombro de Frodo y responde: "Nadie quiere que estas cosas sucedan, mi buen Frodo, pero eso no está en ti decidirlo. Todo lo que debes resolver es qué hacer con el tiempo que te ha sido dado". Hago mías estas palabras para decirte: No está en ti determinar lo que sucede; lo único que debes decidir es qué hacer con el tiempo que tienes.

Si aprendemos a convivir con la incertidumbre, quizá podamos descubrir que no está exenta de ventajas. Desconocer lo que nos deparará el futuro nos permite, por ejemplo, sorprendernos. Imagínate qué aburrido sería todo si siempre ocurriese exactamente lo que esperamos. La capacidad de sorprendernos nos mantiene curiosos e involucrados. Suele decirse que la realidad supera a la ficción y creo que muchas veces es cierto; por eso los resultados que podemos esperar o imaginar nunca son tan ricos, variados y cautivantes como aquellos que la realidad de la vida nos regala. La expectativa es el lado dulce de la incertidumbre. ¿Quién no ha sentido el cosquilleo en la piel previo al momento del encuentro con la persona amada? ¿Qué actor o músico no ha "sufrido" una agradable inquietud en los minutos previos a salir a escena? ¿Qué niño no se ha desbordado de emoción mientras abre apresurado el envoltorio de su obsequio de navidad? Estos momentos suelen ser fugaces y muchas veces la ansiedad hace que deseemos que pasen lo antes posible, pero intentemos tomarnos tiempo para paladearlos. Detengámonos unos segundos y saboreemos esa emoción que nos hace sentir tan vivos.

Michael Ende fue un escritor alemán que nació en 1929 y murió en 1995. Hijo de un pintor surrealista (Edgar Ende), parece haber heredado de él ese gusto por lo fantástico, lo inexplicable y lo sorprendente. Sus relatos están siempre impregnados de esos elementos, haciendo de lo extraño algo que puede aparecer en los lugares más banales. Los títulos de sus obras dan cuenta de su aprecio por lo extraño: *El libro de los monicacos*, *Tragasueños*, *El goggolori*, *El espejo en el espejo*, *Momo* y *Jim Botón y el maquinista*. El cuento que comento aquí forma parte de la antología que lleva como título, precisamente, *La prisión de la libertad*.

La comunidad del anillo es la primera de las tres películas que dirigió el neozelandés Peter Jackson basadas en la obra de J. R. R. Tolkien, *El señor de los anillos*. Quizá sea interesante situar el momento en que se produce esta conversación entre Frodo y Gandalf. Sucede que los nueve compañeros a quienes se les ha encargado la misión de destruir el anillo se encuentran perdidos. Se han internado en los túneles de la minas de Moria, y Gandalf, su guía, no puede recordar qué camino deben seguir. Mientras espera con desazón sentado sobre una piedra, Frodo es presa del remordimiento y es entonces que se dirige a Gandalf. Luego de que el mago formule su consejo ("Lo único que debes decidir es qué hacer con el tiempo que te ha sido dado") permanece unos segundos en silencio y se incorpora. "Por aquí", anuncia. Es como si él mismo hubiese escuchado su consejo y se decidiera a aprovechar el tiempo. Un colofón: mientras se internan en el túnel indicado por Gandalf, el enano Gimli pregunta: "¿Has recordado?". "No —responde Gandalf—, pero huele mejor por aquí. Cuando dudes, amigo Gimli, sigue siempre tu nariz." Cuando dudes qué camino debes tomar, parece decir Gandalf, confía en tu olfato, confía en tu intuición.

Michael Ende, *La prisión de la libertad*, Alfaguara, Madrid, 1994.
John Ronald Reuel Tolkien, *El señor de los anillos*, trilogía, Minotauro, Barcelona, 2009.

Algo más que personas

Él es aventurero por naturaleza. Ha viajado con poco más que su mochila a los destinos más exóticos. Se ha desempeñado en una gran variedad de trabajos que van desde plantar naranjas hasta ser corredor de bolsa. Le apasionan los deportes extremos como el surf y el bungee jumping. Aun después de haber atravesado todas estas experiencias, él se pregunta: ¿es eso todo?

ALAN:

Desde sus comienzos, la psicología occidental ha centrado sus esfuerzos en favorecer el desarrollo y la realización personal. Se ha ocupado de buscar técnicas para remover los obstáculos que nos impiden sostenernos a nosotros mismos y ha intentando promover las habilidades que nos permiten vivir mejor con otros y llevar una vida productiva. En suma, se ha enfilado hacia la tarea de ayudar a los hombres a mejorar su relación consigo mismos y con sus semejantes. Esta tarea está sostenida e impulsada por una tendencia natural que tenemos las personas: la de buscar desarrollarnos al máximo como tales. Podríamos resumirlo diciendo que queremos *superarnos*.

Sin embargo, desde que el hombre es hombre (es decir, desde

que tiene conciencia de su propia existencia y de su propia finitud) ha tenido también otro deseo: el de trascenderse a sí mismo. Este anhelo de ir más allá de nosotros mismos surge de ciertos cuestionamientos básicos: Esta vida que llevamos, nuestras preocupaciones y alegrías, nuestras pérdidas y logros... ¿es eso todo? ¿O hay algo más? ¿Hay un "todo" más grande del que somos parte? ¿Existe un gran diseño? ¿O somos sólo frutos del azar y la casualidad? Sea cual fuere nuestra respuesta a estas preguntas, cuando nos encontremos con ellas estaremos en el campo de lo espiritual. La espiritualidad es el interés por saber qué hay más allá y, de alguna manera, formar parte de un "todo" más grande que uno mismo.

Cierta vez, cerca de una playa desierta, el viento formó una pequeña ola. Una vez formada, miró a su alrededor y vio otras olas, enormes y majestuosas, que al llegar a la playa se arrastraban por la arena hasta alcanzar los pies de las palmeras.

–¡Oh! Qué desgraciada soy —se dijo la ola pequeña—, yo apenas si llegaré hasta la orilla.

Luego miró más lejos y vio aún otras olas, algunas de ellas rompían contra las rocas en un magnífico estallido de agua y espuma, ocasionando un gran estruendo.

–¡Oh! Qué insignificante soy —se dijo la ola pequeña—, yo apenas si salpicaré algunas gotas.

En eso estaba, cuando una ola que parecía a punto de disolverse pasó a su lado y habiendo escuchado sus lamentos le dijo:

–Tu problema es que no has visto aún tu "verdadera naturaleza". No sabes lo que eres, y por eso piensas que sufres.

–¿No soy acaso una ola? ¿Pues entonces qué soy?

–La ola es sólo tu forma temporal. En realidad eres agua.

–¿Agua? —repitió la ola pequeña.

–Así es, eres agua —dijo la ola a la cual apenas podía distinguirse ya—. Eres parte de un ser más grande. Un ser al que no puedes ver pero que llamamos Mar. Cuando descubras que tu esencia es agua, cuando descubras el Mar, entonces comprenderás lo que es ser una ola y tu sufrimiento desaparecerá.

Para cuando hubo terminado de decir esto, la ola casi se fundía con el agua que la rodeaba. Aún tuvo tiempo de agregar:

–Adiós.

Y luego se disolvió por completo.

Así como la realización personal responde a un deseo de superarnos, podríamos decir que la espiritualidad está motivada por un deseo de *transformarnos*. Buscamos ser "mejores personas" por un lado, y por otro, queremos ser "algo más que personas".

Algunos místicos sugieren que los símbolos de las dos religiones con mayor número de adeptos en el mundo occidental reflejan esta doble naturaleza humana. En el judaísmo, la estrella de David señala con un triángulo de vértice hacia abajo el apego del hombre a lo terrenal y con el otro triángulo, de vértice hacia arriba, indica su inclinación hacia lo divino. Por su parte, la cruz cristiana simboliza, con una barra horizontal, la unión entre los hombres, y con una barra vertical, la unión del hombre con el cielo.

Para la cultura occidental estas dos tendencias han permanecido separadas. El movimiento hacia el desarrollo personal ha quedado más asociado a la psicoterapia y a otras prácticas relacionadas, mientras que el movimiento hacia la espiritualidad ha sido patrimonio de la práctica religiosa. De algún modo, esta separación es lógica, pues podría considerarse que ambas tendencias son opuestas: la primera favorece el fortalecimiento de la identidad, mientras que la segunda favorece su disolución.

ALGO MÁS QUE PERSONAS

Sin embargo, esto no es necesariamente así. Para la mayoría de las disciplinas espirituales de Oriente estas dos tendencias no son en absoluto opuestas. Para el budismo zen y el taoísmo, por ejemplo, la superación y la transformación son complementarias y se desarrollan de manera simultánea: soy cada vez más yo a la vez que lo soy cada vez menos; en el punto más profundo de mi ser, donde soy más auténticamente yo, es donde dejo de serlo para ser uno con el universo. El hinduismo plantea otra visión alternativa e interesante, para la cual estas búsquedas son escalones sucesivos en nuestro camino hacia una condición cada vez más elevada. Sólo cuando nos hemos desarrollado por completo como personas podemos comenzar la exploración de lo que está más allá.

En los últimos años, también en este lado del mundo se ha propagado cierto interés por integrar algún tipo de espiritualidad a las actividades terapéuticas. Prácticas como la meditación y el yoga han ganado cada vez más adeptos y a menudo las recomiendan los profesionales de la salud mental. Asimismo, el estudio de las tradiciones espirituales de Oriente (en particular, el budismo) ha crecido en gran medida. Creo que incluso el reciente resurgimiento del estudio de la Cábala (más allá de la moda, el esoterismo y las celebridades involucradas) puede considerarse como una expresión de esta renovada vocación espiritual de Occidente. Es una renovación absolutamente necesaria, pues hemos descuidado este aspecto por demasiado tiempo.

Dijimos que la espiritualidad consiste en preguntarse por aquello que es más grande que nosotros mismos. ¿Pero qué es exactamente eso por lo que nos preguntamos? Es aquí donde nos adentramos ya en el terreno de la religiosidad, ya que las distintas religiones dan respuestas muy diferentes a esta pregunta. Para algunos, la divinidad es un ser superior e infinito; para otros, es una fuerza cuyas reglas gobiernan su destino; para otros aún, una cualidad que sólo encontrarán en lo más profundo de sí mismos.

Cualquiera que sea la manera de concebir la divinidad, lo importante es comprender que todas las religiones intentan lo mismo: abrir un canal para que los hombres nos acerquemos a lo sagrado. El comienzo de una oración hindú dice, dirigiéndose a Dios: "Tú, ante quien todas las palabras retroceden...". Creo que esta frase bien podría utilizarla cualquier religión para dirigirse a su divinidad, porque lo espiritual trata justamente del encuentro con aquello que no podemos explicar, aquello que permanece en el misterio y para lo que no tenemos palabras.

En este punto todas las religiones coinciden: las personas no vemos el mundo tal cual es. Vemos sólo partes o sólo la superficie y creemos (¡ilusos!) que eso es la realidad. El hinduismo llama a esto *samsara*: el falso mundo de las apariencias. Somos parte de un universo mucho más grande que nosotros, hilos de un gran tapiz que no podemos ver. Nos preocupamos demasiado por lo nuestro y permanecemos demasiado indiferentes frente al sufrimiento ajeno. La mayoría de las religiones propone también que, en esta organización desde lo terrenal hasta lo divino, hay jerarquías. Y, lamento decírtelo, los hombres estamos en lo más bajo de la escala. ¡Ay de aquel que se crea un dios! No hará falta ningún castigo divino: cuanto más alto sea el pedestal al que nos hayamos subido, más dura será la caída.

Sin embargo, y aun cuando las religiones coinciden en remarcar tu pequeñez, también concuerdan en esto: no da lo mismo que estés aquí o no. Si estás aquí es por algo, tu vida tiene un sentido, un propósito. Puede que tú no lo conozcas y quizá que ni siquiera necesites conocerlo, pero debes saber que lo tienes.

En la base de todas las religiones está el mismo deseo de trascendencia y, por ello, todas pueden convivir y escucharse unas a otras. Hace poco, escuché a un sacerdote que se preparaba para oficiar un matrimonio mixto decir: "Hay muchas más cosas que nos unen que las que nos separan". No son, creo, las diferencias de opinión las que traen la intolerancia entre los credos, sino las luchas de poder que surgen a menudo con la institucionalización del sentimiento religioso. Quizá sea éste un mal inevitable, quizá no. Pero lo que considero más importante, es recordar que las religiones son ante todo diferentes modos de expresión de la espiritualidad.

Aun así, no son el único modo. Los hindúes describen cuatro formas de acercarse a lo divino: la primera es mediante el conocimiento y la reflexión; la segunda, mediante el trabajo y la dedicación a una causa mayor; la tercera, mediante los ejercicios psicofísicos (yoga, meditación), y la última, por medio del amor, el amor que es uno solo, el mismo entre semejantes que hacia Dios. Y aun cuando estos otros caminos no sean para ti, no te desanimes. Busca en ti mismo, encuentra tu propia manera de trascenderte, de acercarte a ese "todo" del que eres parte.

Alguien puede muy bien no profesar ninguna religión; pero carecer de toda religiosidad, de todo interés espiritual y de toda inquietud por el universo que nos rodea, conduce, en mi opinión, a vivir vidas mezquinas yególatras. Vidas que no enriquecen al mundo y ni siquiera a los que las llevan. Es necesario practicar el ejercicio de ver nuestra existencia a través de una lente más amplia. Es un entrenamiento de humildad.

Te contaré algo: cada vez que viajo en avión me agrada mirar por la ventanilla y ver (a medida que me alejo del suelo) la pequeñez de todo allí abajo. De alguna manera extraña siento que ésa es su dimensión verdadera, que soy yo quien cotidianamente se equivoca y ve las cosas demasiado grandes por estar tan cerca. Veo casas y casas, una junto a otra, y me sorprende pensar que en cada una de ellas se viven vidas de las que nada sé. Miles de personas que (como yo) día a día olvidan al universo que las rodea y sólo tienen ojos para sí y para los pocos con quienes se cruzan.

Es indispensable ocuparnos de crecer, pero si queremos vivir en plenitud y hacer de nuestro mundo un mejor lugar, tendremos que dedicar también algún tiempo a cosas más grandes que nosotros mismos. Quizá descubramos cosas maravillosas. Un místico islámico contó una vez:

–He visto a mi Señor con el ojo del corazón.
Le pregunté:
–¿Quién eres?
–Tú —me contestó.

FUENTES Y LECTURAS RECOMENDADAS

"El mar y la ola", cuento tradicional zen. Pude encontrar una versión en historieta de este cuento en el libro *El zen habla* de Tsai Chih Chung. La versión que presento aquí es propia.

Este pequeñísimo cuento está tomado del libro *Las religiones del mundo* de Huston Smith.

Tsai Chih Chung, *El zen habla,* Sudamericana, Buenos Aires, 1999.
Huston Smith, *Las religiones del mundo*, Kairós, Barcelona, 1999.

EPÍLOGO

Vivir con gratitud
o la enseñanza de don Elías

Ellos han tenido la increíble fortuna de nacer:

Joaquín; Mariana; Ema; Romina; Fernanda; Daniel, Ana, Paula y Manuel; Ricardo; Pedro y Lucía; Darío; Gloria; Andrea; Guillermo y Natalia; Julia; Gabriela y David; Juan y Tomás; Federico; Cristian; Ana María; Bernardo; Carolina; Bruno; Vanesa y Leandro; Eduardo; Alan, y tú, lector.

Hace algunos años, cuando yo todavía estudiaba en la universidad, en una clase se suscitó una discusión sobre "el éxito en la vida" o algo por el estilo. Ya no recuerdo bien en qué sentido iba la discusión; lo que sí recuerdo es que, en determinado momento, nuestro profesor se puso de pie, caminó hacia nosotros y dijo:

–De lo que podemos estar seguros es de que los que estamos en este salón no lo estamos haciendo tan mal.

Todos nos quedamos en silencio, nos miramos entre nosotros preguntándonos si nuestro profesor creería que estudiar medicina era lo máximo en la vida o si era tan engreído como para considerar que encaminábamos bien nuestras vidas sólo por haber elegido su clase... Al cabo de unos segundos, explicó a qué se refería:

–Todos los que estamos en este salón, estamos vivos.

Ante las sonrisas escépticas o gestos de decepción de algunos, que parecían decir "bueno, si sabíamos que ibas a salirnos con semejante bobada nos quedábamos en casa", el profesor levantó su mano como invitándonos a no sacar conclusiones demasiado rápido y dijo:

–Hay quienes no lo han conseguido. Hay quien ha conducido el carro a toda velocidad y ha acabado haciéndose papilla en una carretera, hay quien se ha creído el rey de la noche y ha terminado muerto de una sobredosis. Nunca den por sentado el hecho de estar vivos.

No sé qué opinaron mis compañeros sobre aquella clase o si tan siquiera la recordaron, pero a mí se me ha quedado grabado desde entonces: nunca dar por sentado el hecho de estar vivos, podríamos no estarlo.

Parece una obviedad y, sin embargo, lo olvidamos con frecuencia. Lo pasamos por alto como pasamos por alto todas aquellas cosas que están presentes en nuestra vida de forma suficientemente regular y cotidiana: la salud, un techo, un plato de comida y alguien (quienquiera que sea) con quien compartirlo. Estas cosas son, en mi opinión, las únicas en verdad imprescindibles. Y a pesar de ello, sólo parecemos valorarlas cuando algo amenaza con hacerlas desaparecer. El médico nos informa que es posible que padezcamos cierta enfermedad; más o menos angustiados, nos realizamos el estudio y resulta que no es así... entonces, nos llenamos de alegría. ¿Estamos más sanos que antes de visitar al doctor? No, sólo que antes no sabíamos que podíamos no estarlo. Camino a casa pasamos por un portal en el que un hombre duerme expuesto al crudo invierno y, al llegar a nuestro hogar, percibimos claramente el agradable calor y esa noche nuestra cena parece más apetitosa. ¿Es que ayer no habíamos tenido techo y comida? Por supuesto que sí, pero nada nos había recordado que podíamos no tenerlos.

Hay quienes creen que no es posible vivir de este modo, teniendo siempre presente la vulnerabilidad de las cosas que más nos importan. Sostienen que si lo hiciésemos nos llenaríamos de miedos y nos sería imposible dar un paso más. No estoy de acuerdo. Creo que una cosa es vivir preocupados por que tal o cual cosa pueda desaparecer y otra bien distinta es ser consciente de lo maravilloso de su presencia.

Me gustaría proponerles que no esperemos a encontrarnos en situaciones desafortunadas o a tener que presenciar la desgracia ajena para recordar lo valioso que hay en nuestro día a día. Me gustaría proponerles que, en lugar de andar pendientes de lo que no fue y podría haber sido, prestemos más atención a lo que es y podría no haber sido. Me gustaría proponerles que seamos conscientes hoy mismo de lo afortunados que somos todos los que estamos vivos. Me gustaría proponerles, en suma, que comencemos a vivir nuestra vida con gratitud.

La gratitud es el sentimiento que nos obliga a estimar un beneficio o favor que se nos ha hecho. Dicho de un modo algo redundante, la gratitud es lo que sentimos cuando *entendemos* que se nos ha concedido una "gracia". Y una "gracia" es algo que se nos otorga sin que lo merezcamos de modo particular. Se trata de una concesión gratuita, de un don.

La vida, sin lugar a dudas, es una gracia. No sólo porque, como decía aquel profesor mío, podríamos no haber conseguido llegar vivos hasta aquí, sino porque también podríamos no haber nacido nunca. De hecho, eso era lo más probable. La posibilidad de que tú (justo tú) o yo (justo yo) naciésemos era infinitamente remota. Tan remota que era casi imposible. Por supuesto, no había modo de que mereciésemos la vida que nos fue otorgada puesto que aún no existíamos. Y sin embargo, aquí estamos. Más allá de que creamos que es Dios, el destino o el puro azar quien nos ha otorgado la vida, en lo que podemos coincidir es en que hemos recibido un don... y por ese don debemos estar agradecidos.

Aun quienes han atravesado uno de los máximos dolores que la vida puede deparar, la muerte de un hijo, cuando se les pregunta si hubiesen preferido que su hijo no hubiese existido nunca, responden con absoluta firmeza que no. Incluso en la peor de las circunstancias, estas personas comprenden que la vida es un regalo y muchas veces, luego de elaborar la pérdida, consiguen sentirse agradecidos por el tiempo que *sí* pudieron compartir con su ser querido. Suelen decir que con ese agradecimiento viene también un gran alivio.

¿Y qué hay de todas las otras cosas que forman parte de nuestra vida? Los logros, los vínculos, las posesiones, los amores, todo aquello que atesoramos... ¿son también "gracias"?, ¿son también "concesiones gratuitas"? Yo diría que sí, en parte. Y digo en parte porque, como he repetido ya demasiadas veces a lo largo de este libro, estoy convencido de que para conseguir cualquiera de estas cosas es imprescindible trabajar en pos de ello, responsabilizarse y poner a cargo de uno mismo la construcción del camino que nos lleve en la dirección que deseamos. Pero, si bien todas éstas son condiciones necesarias, no bastan. En ocasiones, aunque hagamos todo adecuadamente, las cosas no funcionan. Hay una parte que no depende de nosotros y por eso, todo lo que sí hay en nuestra vida, puede también ser considerado un don, un beneficio y un favor.

A muchas personas les resulta difícil aceptar esto. Piensan que el mundo debería ser justo y consideran lo que tienen como no más de lo que les corresponde en el reparto equitativo. Por supuesto, tarde o temprano, acaban sufriendo la otra cara de esta misma moneda: las cosas no salen como esperaban y entonces se sienten indignados por la injusticia. "Es injusto", repiten a viva voz, se quejan y le demandan a los que los rodean, al gobierno o al universo que les dé lo que les corresponde. Déjenme que les sea franco: más allá de que no se vulneren nuestros derechos más básicos, no nos corresponde nada. Ni el universo ni los otros tienen obligación alguna de complacer nuestras necesidades ni, menos aún, nuestros deseos. Otra versión algo más refinada del reclamo de justicia es la que se ampara en el merecimiento. Estas personas exhiben su historial de esfuerzo, de reconocimiento o, en el peor de los casos, de sufrimiento, para proclamar su derecho a tal o cual cosa. Pero ¿con qué vara se mide cuando alguien realmente "se lo merece"? Y además, ¿no hay otros con los mismos méritos que carecen de aquello que anhelan? Por más merecedores que creamos ser de lo que tenemos, tendremos que aceptar que eso no nos da derecho a considerar que el mundo "sólo me da lo que me corresponde". Si, tanto amparándonos en la justicia como en el merecimiento, creemos que el mundo nos debe algo, viviremos resentidos al no obtenerlo. Si, por el contrario, renunciamos a esta postura de "acreedores", podremos aceptar lo que la vida nos depara con sorpresa y alegría y vivir nuestro presente con gratitud.

Si aprendemos a vivir con agradecimiento, si aprendemos a valorar lo que tenemos en lugar de quejarnos de lo que carecemos, si aprendemos a ver en cada pequeña cosa el regalo que es en realidad, nuestra vida puede transformarse de forma asombrosa.

Les aseguro que la gratitud es una de las herramientas más poderosas que podemos desarrollar en función de llevar una vida mejor. Y puedo asegurarles esto porque lo he visto: mi abuelo, don Elías, fue, a lo largo de toda su vida, una persona agradecida. Todo lo que le sucedía le parecía maravilloso. Recuerdo por ejemplo que, cuando lo visitábamos en su casa, solía contarnos que mi abuela y él habían ido a cenar con una pareja de amigos. Y cada vez se mostraba sorprendido de que estos amigos los hubieran invitado (pese a que lo hacían con bastante frecuencia). "¡Cómo nos quiere esa gente!", decía siempre y riendo agregaba: "¡Comimos un pollo! ¡Así era el pollo!", y abría sus manos para ilustrar el tamaño de un pollo excesivamente grande. Él, que en su vida había tenido más bien poco, no daba por sentado que sus amigos tuviesen que invitarlo y, por eso, cada vez que lo hacían era una renovada alegría. No suponía que un pollo debía ser suculento y por eso, cada vez le parecía más sabroso (y más grande). Para las fiestas, mi abuela cocinaba cenas opíparas en las que preparaba casi siempre los mismos platos. Año tras año, invariablemente, después de probar unos cuantos bocados, mi abuelo comentaba: "Hoy te salió mejor que nunca". Para los demás, que no gozábamos como él de esa gratitud inquebrantable, todos los años la cena sabía más o menos igual. Para él ¡cada año estaba mejor que el anterior!

Con sinceridad, lo mejor que puedo desearles (y ya que estoy en esto, me lo desearé también a mí) es que aprendamos a vivir de este modo.

Otros libros consultados

BUCAY, JORGE, *Hojas de ruta*, Océano, México, 2010.

DE BONO, EDWARD, *El pensamiento lateral*, Paidós, México, 2006.

ELLIS, ALBERT, *Controle su ira antes de que ella lo controle a usted*, Paidós, México, 2007.

FENSTERHEIM, HERBERT, y JEAN BAER, *No diga sí cuando quiera decir no*, DeBolsillo, México, 2003.

FROMM, ERICH, *Ética y psicoanálisis*, Fondo de Cultura Económica, México, 2006.

OSHO, *Vida, amor, risa*, Gaia Ediciones, Madrid, 2006.

SAVATER, FERNANDO, *Las preguntas de la vida,* Ariel, Barcelona, 1999.

WATTS, ALAN, *Hablando de zen*, Sirio, Málaga, 1996.

WELWOOD, JOHN, comp., *Psicología del despertar: budismo, psicoterapia y transformación personal*, Kairós, Barcelona, 2002.

ZWEIG, CONNIE, y JEREMIAH ABRAMS, eds., *Encuentro con la sombra: el poder del lado oscuro de la naturaleza humana*, Kairós, Barcelona, 2000.

Esta obra se imprimió y encuadernó
en el mes de enero de 2013
en los talleres de Litográfica Ingramex, S.A. de C.V.,
que se localizan en la calle Centeno 162-1,
colonia Granjas Esmeralda, México, D.F.